トマス・アクィナスの信仰論

トマス・アクィナスの信仰論

保井亮人著

知泉書館

目次

第二章 摂 理

第三章　救　済

第四章　礼　拝

トマス・アクィナスの信仰論

序　言

我が国のみならず世界的に見ても、これまでのトマス・アクィナス研究は、『神学大全』（*Summa Theologiae*）や『対異教徒大全』（*Summa contra Gentiles*）などの体系的著作に関するものがほとんどであった。しかし本論で扱われる聖書註解は、その分量から言っても、トマスの全著作の約六分の一を占めるものであり、トマスの全思想と方法を研究する上で看過することのできない資料である。具体的には、『イザヤ書註解』（*Expositio super Isaiam ad litteram*）、『エレミヤ書ないし哀歌註解』（*Super Ieremiam et Threnos*）、『ヨブ記註解』（*Expositio super Iob ad litteram*）、『カテナ・アウレア』（*Glossa continua super Evangelia*）、『マタイ福音書講解』（*Super Mathaeum*）、『ヨハネ福音書講解』（*Super Evangelium S. Ioannis Lectura*）、『パウロ書簡註解』（*Expositio et Lectura super Epistolas Pauli Apostoli*）、『詩篇講解』（*Postilla super Psalmos*）などが挙げられる。本論においては、これらの著作のうちでも、トマスの聖書註解の代表的なものとされる『ヨブ記註解』、『ロマ書註解』、『ヨハネ福音書講解』を取り上げ、そこに含まれる中心的思想を考察したい。それによって従来のトマス研究に新しい局面が加わることになるだろう。まずはこの三つの著作とトマスの見解の傍証に用いた『カテナ・アウレア』について、Torrell にしたがって言及しなければならない。

『ヨブ記註解』(*Expositio super Iob ad litteram*)(1)

本著作はトマスの手による真正の著作であって、その成立はトマスが教皇庁講師としてオルヴィエトに滞在していた時期(一二六一—六五)であると推測されている。同時期に書かれた著作として『対異教徒大全』第三巻があり、いずれも神の摂理を主なテーマとするものであることから、トマスは自身の思考を集中させるために「ヨブ記」をこの時期の註解の対象に選んだとも言われている。この一二六一—六五年はトマスの年齢にして三六—四〇歳にあたり、『対異教徒大全』と『神学大全』という二つの体系的著作の執筆開始時期にはさまれており、トマスの円熟期に至る過渡期に相当すると考えられる。また当著作はトマスの聖書註解のうち最も完成度の高いものの一つに数えられている。

『ロマ書註解』(*Expositio super Epistolam ad Romanos*)(2)

トマスは生涯に二回「ロマ書」についての解釈を行っているとされている。一度目は一二六五—六八年、ローマのサンタ・サビーナ修道院においてである。ここでトマスはすべてのパウロ書簡に関する解釈を行い、それが秘書のレギナルドゥスによって記録されている。二度目は第二回パリ大学教授時代を終えナポリに戻った一二七二年一〇月から一二七三年一二月においてである。ここでトマスは「ロマ書」の最初の八章に関する自身の講解を書き直している。したがって「ロマ書」に関するトマスの解釈は、その最初の八章に関しては自身の手による註解(expositio)の形をとり、残り一六章までは秘書レギナルドゥスによる記録として講解(lectura)の形をとっている。

『ヨハネ福音書講解』（*Super Evangelium S. Ioannis Lectura*）(3)

本著作がトマスの第二回パリ大学教授時代（一二六八―七二）に成立したことは確実である。さらに時期を限定しておそらく一二七〇―七二年に書かれたとされる。修道士やサントメールの市長であったアナンニのアデヌルフの要求に応えて、秘書レギナルドゥスがトマスの講義を記録したもの（reportatio）である。トマス自身がテキストを再び吟味したとはあまり考えられない。トマスの聖書註解のうちもっとも完成され、深い内容をもつ著作の一つである。同時期に書かれた著作として、『ニコマコス倫理学註解』、『形而上学註解』、『神学大全』第二部などがあり、本著作はトマスの円熟期における所産である。

『カテナ・アウレア』（*Glossa continua super Evangelia*）(4)

本著作は四福音書に関する連続的註解であり、二二人のラテン教父と五七人のギリシャ教父の教説の引用から成る。教皇ウルバヌス四世の求めに応じて、オルヴィエト滞在時代（一二六一―六五）のうちの一二六二年の終わりか一二六三年の初めに執筆が開始された。「マタイ福音書」に関する註解は、一二六四年一〇月二日にウルバヌス四世が死去する以前に同教皇に捧げられている。残りの三福音書に関する註解は、トマスの友人でパリ時代の生徒であり後に枢機卿となるアンニバルド・デグリ・アンニバルディに捧げられ、ローマ滞在時代の一二六五―六八年に書き終えられている。この著作は単なる教説の集成を超えて、諸テキストに対するトマスの批判的観察力やギリシャ教父に関する膨大な知識を示唆しているとともに、彼の説教や神学全体にも多大な影響を与えるものだったとされる。また一般的にカトリックの教義形成にも重要な役割を担い、広く伝播したものであったことは、数多くの写本の存在によって確証される。同時期に書かれた主な著作に『ヨブ記註解』、『対異教徒大全』などがあり、トマスの中期を代表する所産である。

次にトマスの聖書註解の方法について言及したい。トマスの聖書註解は、一言で言えば聖書神学であり、聖書を源泉としながら、その意味内容を説明し、他の聖句に関連づけ、それがまた他の聖句によって根拠づけられるというような体のものである。そこでは聖書の権威が最大限利用されており、その権威のうちで哲学的思考が行われている。したがってその論述は、たとえばアンセルムスの著作におけるように、聖書の権威に訴えることなく理性のみによって聖書の教えを哲学的に根拠づけるというようなものではない。トマスの聖書註解は、聖書の正しさを全面的に信頼した上で、様々な聖句と哲学的思想によって、ある思想を神学的に表現しているのである。本論ではこのような特徴を持つ著作をできるだけ哲学的に扱うよう心がけた――それゆえ、本論の第三章と第四章においては、トマスの言明における聖句の引用を可能なかぎり避け、代わりにその意味を哲学的に論じてある(5)――が、それは本研究の方法的制約のためで、トマスの作品がそのような読み方を要求するわけではないことを付言しておきたい。

さらにこのような性格を持つトマスの聖書註解が、トマス研究において読解される必要性はどこにあるのだろうか。トマスの哲学思想を知ることに関しては、晩年の主著である『神学大全』で十分であるという反論が予想されるからである。私はこの問いに対し、『ヨブ記註解』、『ロマ書註解』、『ヨハネ福音書講解』、『イザヤ書註解』といった著作と『カテナ・アウレア』の一部を精読した結果、さしあたりそれはトマス神学を学ぶためであると答えたい(6)。トマスの体系的著作と聖書註解とのもっとも大きな差異は、前者が主として哲学的な議論を駆使して思想を構成しているのに対し、後者はもっぱら聖句とその説明による神学的議論に終始しているというところにあると思われる。聖書註解のように、ある思想を神学の側から表現することは、一つの著述形態であり、作品として哲学による表現に劣るものではない。しかしそこには聖書に対する完全な信仰が必要とされるのであり、信仰を有しない者にとってはそのすべてがいかなる妥当な根拠づけも持たない虚構とさえ映るかもしれない。もしそうであるならば、トマスの聖書註解は、その哲学的思想を前提として読まれるべきものである。ここからして、トマスの体系的著作と聖書註解は、トマスの全思想と方法を見出す上で、相互補完的な関係にあると考えられるのであり、哲学的に論じてあるとはいえ、本研究によって、従来のトマス研究に、トマス神学という新たな局面が加わることは確実であると言えるだろう。実際、本論で扱われるモチーフは主として神学的なものなのである。

最後に本論の構成について述べたい。本論は四章構成となっており、第一章では信仰が考察され、信仰論、恩恵論、神の世界内在が論じられる。第二章では摂理が考察され、予定、摂理、義人の生が論じられる。第三章では救済が考察され、神への愛と認識が主題化される。第四章では礼拝が考察され、キリスト教的世界観および人間観が総括される。このような考察によって本論が目指すのは、世と区別される信仰の主張であり、信仰による生の哲学的根拠づけである。それは人間がいかに生きるべきかという実践的な考察であると同時に、より広く言えば中世哲学のモットーである「信仰の知解」であるとも言えるだろう。私はこのような考察を、トマス・アクィナスにおける聖書註解の一解釈として提案したい。

註

（1）Cf. Torrell, *Saint Thomas Aquinas*, vol. 1, Catholic University of America Press, 1996, p. 120f., 338; Grabmann, *Die Werke des hl. Thomas von Aquin*, Münster 1931, S. 241-243; Chenu, *Das Werk des hl. Thomas von Aquin*, Graz 1960, S. 277f.; Weisheipl,

Friar Thomas D'Aquino, Catholic University of America Press, 1983, p. 151, 368; Weinandy (ed.), *Aquinas on Scripture*, T&T Clark International, 2005, p. 22.

（2） Cf. Torrell, *op. cit.*, pp. 250-257. 340f.; Grabmann, *op. cit.*, S. 255-259; Chenu, *op. cit.*, S. 279; Domanyi, *Der Römerbriefkommentar des Thomas von Aquin*, Bern 1979, S. 39-45; Weisheipl, *op. cit.*, pp. 247-249, 372f.

（3） Cf. Torrell, *op. cit.*, pp. 198-201, 339f.; Grabmann, *op. cit.*, S. 253-255; Chenu, *op. cit.*, S. 278f.; Weisheipl, *op. cit.*, p. 246f., 372; Weinandy (ed.), *op. cit.*, p. 99.

（4） Cf. Torrell, *op. cit.*, pp. 136-141, 338f.; Grabmann, *op. cit.*, S. 250f.; Chenu, *op. cit.*, S. 280f.; Weisheipl, *op. cit.*, p. 171-73, 370f.

（5） 本論が神学ではなく哲学の論文であり、できるかぎり聖句による根拠づけを避けたいということのような事情から、第三章と第四章におけるトマスの言明は、引用註ではなく参照註にさせていただいた。

（6） Cf. Gilles Emery O. P., *Biblical Exegesis and the Speculative Doctrine of the Trinity in St. Thomas Aquinas's Commentary on St. John* in : Michael Dauphinais, Matthew Levering (ed.), *Reading John with St. Thomas Aquinas*, Catholic University of America Press, 2005, p. 23.

第一章　信　仰

I　『ロマ書註解』における信仰の問題

序

信仰とはいかなるものであろうか。宗教が確固とした市民権を得ていない現代の日本においては、信仰とはいくらか怪しいニュアンスを持つ言葉であり、健全な理性を有する人間が近づくものではないという通念があるようである。さらに現代における異なった宗教間で起こる戦争やテロ行為などは、われわれをますます信仰というものから遠ざける一因だろう。しかし信仰を取りまく状況がこのような否定的なものであるからこそ、今、われわれは改めて信仰の意義を問い直さなければならないのではないだろうか。もし信仰は健全な精神を有する人間には必要がないもので、人間を真に善くし完成へと導く力を持たないとすれば、上のような状況は致し方ないものであり、ある意味で当然の反応であると言える。しかしもし人間が信仰によって人間として完成され救われるとすれば、このような状況は宗教や信仰に対する世間の誤解から出てくるもので、それはぜひとも信仰の正しい理解によって改善されなければならない。このような問題意識のもとで、本論では『ロマ書註解』における信仰論が扱われる。考察は「義人は信仰によって生きる」（Iustus autem ex fide vivit）（ロマ一・一七）に関するトマスの解釈（一〇五―一〇八節）にしたがってなされるが、その際考察を十全なものとするために、当著作の他の箇所（三九二、六三五節）や第二回パリ大学教授時代のうちの一二七一—七二年に成立し[1]、信仰概念がもっとも包括的かつ厳密に扱われている『神学大全』第二部の二第一—一六問が参照される。

本論に先立って、ここでトマスの信仰概念に関する最近の研究を振り返っておきたい。第一はMiriam Roseの*Fides caritate formata*（2007）である[2]。著者はこの著において、『神学大全』の一部と二部を参照しながら、トマスにおける信仰と愛の関係について考察を行っている。本論に直接関係する信仰を扱った箇所においては[3]、ほぼ『神学大全』の考察の順序に従って議論がなされているが、著者の考察はしばしばテキストを離れてなされており、そのためか議論が錯綜しているところも多いように思われた。第二はBruno Niederbacherの*Glaube als Tugend bei Thomas von Aquin*（2004）である[4]。著者はこの著において、トマスの信仰概念を認識論的側面と宗教哲学的側面の両方から考察しており、議論はきわめて明快である。本論に関係する箇所においては[5]、トマスにおける至福ないし徳の考察が予備的なものとしてなされており、そのため「徳としての信仰」の概念がより明確に浮き彫りにされている。すなわち信仰は人を完全な至福（beatitudo perfecta）へと秩序づける知性の徳であるが、自然の領域における不完全な至福や倫理徳の考察は、超自然的な徳である信仰を十全に理解するための前提をなすものである。しかし著者は信仰を知性の完全性として捉え限定的にその構造を明らかにしており、また主として『神学大全』にしたがって議論を進めトマスの他の著作をあまり重視していないように思われた[6]。第三は岩下壮一の『信仰の遺産』（一九四一）である[7]。この著作においては成義の問題などを中心に『神学大全』を参照している箇所がいくつかあり、本論における愛による信仰の完成というテーマを論じる際の参考とした[8]。以上の三つの著作に対して本論の信仰論が有する特徴は、『ロマ書註解』のテキストに即して後期トマスの信仰論の骨格を明確にした上で、信仰を完成する愛（caritas）や完全な信仰によるキリストの内住について強調的に論じた点にある。

1　一〇五節の検討

一〇五節においては、信仰はいかなるものであるか（quid sit fides）がその主題とされている。そして端的に信仰が以下の事柄を含意すると述べられている。[9] それは確実性を伴うある種の同意（quidam assensus cum certitudine）であって、見られざるもの（id quod non videtur）に関わり、意志によって（ex voluntate）なされるものである。さらにこのことにより、信じる者（credens）は以下にあげる人々と異なるとされる。すなわち信じる者は、双方のどちらにも同意しないとされる疑う者（dubitans）、他方への恐れと共に一方に同意するとされる臆見を抱く者（opinans）、論証の必然性でもって一方に同意するとされる知っている者（sciens）と異なっている。

以上が一〇五節の大要であるが、同様の議論は『神学大全』第二部の二第四問一項においてより詳細に展開されている。[10] そこで信仰の定義として挙げられているのが、「希望すべきものの本質、見えざるものの確証」（substantia sperandarum rerum, argumentum non apparentium）である。以下においてトマスにしたがってこの定義を詳しく説明したい。

トマスによると信仰は習慣（habitus）の一種であるが、習慣は働き（actus）によって、働きは対象（obiectum）によって認識されることから、信仰はその固有の対象への関連における固有の働きから定義されるのでなければならない。しかるに信仰の働きとは信じること（credere）であるが、それは意志の命令（imperium voluntatis）によって一つのことへと確定された知性の働きである。それゆえ信仰の働きである信じることとは、意志の対象である善（bonum）ないし目的と知性の対象である真（verum）への関連を有している。

一方信仰の働きが意志の対象である善の側から見られた場合、信仰は「希望すべきものの本質」と定義される。トマスによれば、信仰の対象は第一真理（veritas prima）である神とそれによって信じられる諸々の事柄であるが、それらがいまだ所有されない目的として捉えられた場合、それらは希望すべきもの（res speranda）という性格をもってわれわれに現れてくる。さらにここで本質（substantia）といわれるのは次のような意味においてである。いかなる事物についてもその第一の発端（prima inchoatio）が本質と言われ、とりわけそれに伴う事物の全体が第一の始原に潜勢的に（virtute）含まれている場合にそう呼ばれる。たとえば第一原理が学知の本質と呼ばれるのは、そのうちに学知の全体を潜勢的に含んでいるからである。ちょうどそのように、信仰は希望すべきものの第一の発端であり、そのうちに希望すべきもののすべてが含まれている。われわれによる信仰の同意（assensus fidei）に神的生命の始まりがある。

他方信仰の働きが知性の対象である真の側から見られた場合、信仰は「見えざるものの確証」と定義される。ここで確証（argumentum）と言われるのは、論証の結果（effectus）の意味であり、知性の第一真理への確固たる固着（firma adhaesio）そのものを指していったものである。神的権威（auctoritas divina）によって、信じる者の知性は見えざるものに確信をもって同意するのである。以上の考察よりして、「信仰はそれによって永遠の生命がわれわれのうちに始まり、知性をして見えざるものに同意せしめる精神の習慣である」(11)とトマスは言っている。

さらに信仰が「希望すべきものの本質、見えざるものの確証」と定義されることによって、信仰は知性に属する他のすべてのものから区別される。まず「確証」と言われることによって、信仰は臆見（opinio）、憶測

（suspicio）、疑い（dubitatio）から区別される。というのもこれら三つによっては、知性の何らかのものへの確固たる固着が生じないからである。さらに「見えざるものの」と言われることによって、信仰は学知（scientia）と直知（intellectus）から区別される。というのもこれら二つによって何らかのものは明らか（apparens）になるからである。最後に「希望すべきものの本質」と言われることによって、信仰は希望される至福へと関係づけられていない一般的な意味での信（fides communiter sumpta）から区別される。

以上の考察から明らかなことは、信仰によってわれわれは希望すべきものそのものである神を潜勢的な仕方で有し、見えざるままにそれに固着するということである。このことによってわれわれは、地上的価値の追求から退き、究極目的である永遠の生命へと自己を高める道へと導かれる。また信仰は知性の完全性として臆見や憶測のような不安定なものではなく、客観的な意味での神の啓示あるいは信仰箇条への確固たる同意をも含むものであり、主観的な信仰体験といった曖昧かつ脆弱なものからは厳然と区別されねばならない。以上一〇五節の前半部分において、信仰が「確実性を伴うある種の同意であって、見られざるものに関わり、意志によってなされる」と言われていることがより詳細に敷衍され、次にその後半部分について、信仰の疑い、臆見、学知からの区別がより明確に示されたと言えよう。

2　一〇六節の検討

トマスは一〇五節で信仰がいかなるものであるかを明らかにしたのに次いで、一〇六節では信仰が徳であるか否か（an fides sit virtus）を考察する。(12) まず「この普遍的信仰（fides catholica）はまさに三位一体における一なる神である」という権威にしたがって、信仰が信じられる事柄として解される場合、それは徳ではないことが確認される。しかし信仰がそれによってわれわれが信じるところの習慣（habitus）として解された場合、それはある時は徳であり、ある時はそうでないと言う。では信仰はいかなる場合に徳であり、またいかなる場合にそうではないのか。

徳は完全な働きの根源である。しかるに二つの根源から出てくる働きが完全であるのは、二つの根源の両方が完成されている場合である。それはちょうど、乗馬が完全なものであるのは、馬が善い状態にありかつ騎乗者が馬を御することを知っている場合にかぎられるのと同様である。前述のとおり、信仰の働きである信じること（credere）は、知性（intellectus）と知性を同意へと動かす意志（voluntas）の二つから出てくるものである。それゆえ信仰の働きが完全であるのは、知性が信仰の習慣によって、意志が愛の習慣によって完成されている場合であり、もし愛の習慣を欠いていたらそれは完全なものではない。それゆえ愛によって形成された信仰（fides formata caritate）は徳であり、形相なき信仰（fides informis）は徳ではない。

ここでよりいっそうの説明を必要とするのは愛の概念についてであろう。というのも信仰を完成するのは愛であり、愛を欠く信仰は徳ではないとまで言われているからである。トマスは『ロマ書註解』三九二節において、「われわれに与えられた聖霊によって、神の愛がわれわれの心に注がれている」（charitas Dei diffusa est in cordibus nostris, per Spiritum Sanctum qui datus est nobis）（ロマ五・五）を解説して、愛について以下のように説明している。

しかるに神の愛（charitas Dei）は二様に解することができる。一つはそれによって神がわれわれを愛するところの愛であり、「わたしはとこしえの愛をもってあなたを愛した」（エレ三一・三）と言われている。もう一つはそれによってわれわれが神を愛するところの愛であり、「死も生命もわれわれを神の愛から引き離すことはないと私は確信している」（ロマ八・三八）と言われている。そして両方の神の愛が、われわれに与えられた聖霊によってわれわれの心のうちに注がれるのである。

父と子の愛である聖霊がわれわれに与えられることは、われわれが聖霊であるところの愛の分有に導かれる（adduci）ことである。この分有によってわれわれは神を愛する者（Dei amatores）たらしめられる。そしてわれわれが神を愛するということは、神がわれわれを愛していることのしるしである。「私は私を愛する者を愛する」（箴八・一七）と言われ、「われわれがはじめに神を愛したのではなく、神が先にわれわれを愛した」（Ⅰヨハ四・一〇）と言われている。

しかるにそれによって神がわれわれを愛するところの愛がわれわれの心のうちに注がれると言われるのは、愛がわれわれに刻まれている聖霊の賜物によってわれわれの心のうちで明らかに示される（patenter ostensa）からである。「神がわれわれのうちにとどまることを、われわれはこのこと〔すなわち聖霊〕において知る」（Ⅰヨハ三・二四）と言われている。

しかるにそれによってわれわれが神を愛するところの愛がわれわれの心のうちに注がれると言われるのは、すなわち愛が魂のすべての性向（mores）と働きを完成するために自らを拡張するからである。「愛は忍耐強い。愛は情け深い。等々」（Ⅰコリ一三・四）と言われている。(13)

トマスはここで、愛を神のわれわれに対する愛とわれわれの神に対する愛との二つの側面から考察している。聖句のとおり、われわれに与えられた聖霊によってこの二つの愛が一つの愛としてわれわれの心のうちに注がれる。ここでわれわれに聖霊が与えられるというのは、われわれが神的ペルソナとしての父と子の愛（Amor）を分有することであり、この分有によってわれわれは神を愛するにふさわしい者となるのである。この愛のうちでわれわれは神と一つの霊となり、一性を生む。この一性において能動的に働くのは神であって、すなわち神がわれわれを愛する愛がわれわれの心のうちに聖霊の賜物によって明らかにされるのである。このような仕方でたしかに神はわれわれのうちに留まるのであり、それをわれわれに理解させるのは聖霊にほかならない。またこの一性において受動的に神を愛するわれわれの側から愛が考察されるならば、神の愛はわれわれの魂のすべての働きへと浸透するものであり、このことによって魂の下級の部分は上級の部分を分有し、すべての性向の正しきあり方が実現される。この愛において、われわれは自己を神から引き離すものが何も存在しないことを確信するのである。

議論を信仰に戻せば、信仰を完成する愛とは以上のようなものであり、この愛があれば信仰は完全なもの（fides formata）となり、なければ不完全なもの（fides informis）となる。信仰の働きである信じることは、知性が信仰によって、意志がこの愛によって完成されるときにはじめて、完全なものとなり有徳な行為となる。すなわち知性が神的権威によって第一真理たる神に固着することで一切の虚偽が排除され、意志がその全体において神を所有する場合、われわれは完全な信仰を有し神を愛する者となるのである。

3　一〇七節の検討

次に一〇七節においては、一〇六節において考察された不完全な信仰と完全な信仰とがどのような関係にあるかが考察される[14]。トマスによれば、愛なく形成されていない信仰と愛の到来によって徳となった信仰とは数的に同一（numero idem）の習慣である。なぜなら、愛は信仰の本質の外部にあるので、その到来（adventus）や除去（recessus）によって信仰そのものが変化することはないからである。

ここでの議論は『神学大全』第二部の二第四問四項において詳述されている。[15] トマスはこの問題を考察する際、まずオーセルのギヨームの見解を、次にボナヴェントゥラのそれを吟味し、最後に自説を提示する。オーセルのギヨームは不完全な信仰と完全な信仰は異なったものであるとした。彼は完全な信仰が到来すると不完全な信仰は取り去られる、また完全な信仰を有していた後に大罪を犯した人間においては神によって注入された不完全な信仰の習慣が後続するなどと主張した。しかしこれらの主張は、人間に到来する恩恵が何らかの神の賜物を排除したり、また大罪のゆえをもって人間に何らかの神の賜物が注入されたりすることが不適合であるところから、適切ではないとされる。

次にボナヴェントゥラは、確かに完全な信仰と不完全な信仰とは異なった習慣であるが、完全な信仰が到来したとき不完全な信仰は取り去られることなく、同一の者において完全な信仰と共に留まるとした。しかしこの主張は、不完全な信仰が完全な信仰を有する者のうちに無益に（otiosus）留まることが不適合であるゆえに、受け入れられない。

トマスによれば、完全な信仰と不完全な信仰とは同一の習慣であって、その理由は習慣が自体的に習慣に属するところのもの（illud quod per se ad habitum pertinet）によって多様化されるというところにある。しかるに信仰は知性の完全性（perfectio intellectus）であるから、知性に属するところのものが信仰に自体的に属している。しかし意志に属するところのものは自体的に信仰に属していないのであって、それによって信仰の習慣が多様化されることはありえない。ところで完全な信仰と不完全な信仰との区別は意志に属するところのもの、すなわち愛にしたがってなされるのであって、知性に属するところのものにしたがってではない。それゆえ完全な信仰と不完全な信仰とは異なった習慣ではない。

以上から明らかなように、トマスによれば意志に属するところの愛によって信仰は多様化されえず、不完全な信仰から完全なそれへの変化は同一の習慣においてなされるものである。さらにそれを例えて、同一の人物が子どもから大人になるようなものだとしている[16]。ここで不完全な信仰から完全な信仰への変化が同一の実体においてなされると言うことでトマスが意味するのは、信仰を無駄に煩瑣化しそれらが主体に付帯したり離れたりすると教えるような浅薄な信仰理解ではなく、むしろ信仰が主体の中心において存在し、それが主体の霊的成長とともに堅固となり、たえず愛によって導かれていく動的プロセスを含意した信仰のあり方ではないだろうか。われわれは神を愛しながら全生涯を通じて信仰を深めていくのである。

4 一〇八節の検討

以上により、信仰がいかなるものであるか、それはいかなるときに徳となるか、さらに完全な信仰と不完全なそれとがどのように関係しているかがトマスにしたがって明らかにされた。次いで一〇八節でトマスは、信仰によるキリストの内住について語っている。「自然的生（vita naturalis）において身体が魂によって生きるように、恩恵の生（vita gratiae）において魂は神によって生きる[17]」。信仰によって神は魂に住まうのであり、それは「信仰によってあなたがたの心にキリストは住む」（habitare Christum per fidem in cordibus vestris）（エフェ三・一七）と言われているとおりである。しかし完全な内住（habitatio）は愛によって形成された信仰によってのみ可能であり、それは愛が完全性の鎖（vinculum perfectionis）によってわれわれを神へと結びつけるからである。それゆえここで「信仰によって生きる」（ex fide vivit）と言われていることは、完全な信仰（fides formata）について言われたものと理解すべきである。

ここにおいて、恩恵の生において魂は神によって生きるが、それは信仰によってキリストが魂のうちに住まうことによってであり、その場合の信仰は愛によって完成されたものでなければならないと言われている。信仰を完成するものとしての愛については上に述べたので、ここではキリストの内住についてより詳しく説明したい。キリストが内に住まう人間は霊的人間であるから、以下において、『ロマ書註解』六三五節における、「神の霊によって導かれる者は皆、神の子である」（quicumque enim spiritu Dei aguntur, ii sunt filii Dei）（ロマ八・一四）に関するトマスの解釈を参照したい。

第一にいかにして人々は神の霊によって導かれるかということであり、それは次のように理解することができる。神の霊によって導かれる人々は、ちょうどある種の指揮官や指導者によって支配されるようなものであるが、それは霊がわれわれのうちに生じることによってである。すなわち霊はわれわれが何をなすべきかに関して内的にわれわれを照らす（illuminare）のである。「あなたの善き霊が私を導くだろう」（詩一四二・一〇）と言われている。

しかるに導かれる者は自分自身よりして働くのではないので、霊的人間（homo spiritualis）は単に聖霊によって何をなすべきかを教えられるのみならず、その心もまた聖霊によって動かされるのである。それゆえ「神の霊によって導かれる者は皆」と言われていることにおいて、より以上のことが理解されるべきである。すなわち何かより上級の衝動（superior instinctus）によって動かされるものが、導かれる（agi）と言われる。それゆえわれわれは獣についてそれは導くのではなく導かれると言うが、それは獣が固有の運動からではなく自然本性によってそのなすべき働きへと動かされるからである。同様に、霊的人間はいわば主要的な仕方で固有の意志の運動から〔働くの〕ではなく、聖霊による衝動よりして何かなすべきことに傾けられる（inclinari）のである。このことに関して、「主は激しい流れのように臨み、主の霊がその上を吹く」（イザ五九・一九）と言われ、「ルカ福音書」四章一節においては、キリストは荒野において霊によって導かれたということである。

しかしこのことによって、霊的人間が意志ないし自由決定力によって働くことが排除されるわけではない。というのも聖霊は意志ないし自由決定力の運動そのものを彼らのうちに生ぜしめるからである。このことに関して、「欲し成し遂げるようわれわれのうちで働いているのは神である」（フィリ二・一三）と言われている。(18)

トマスはここで、霊的人間における聖霊による導きについて説明している。人々が神の霊によって導かれるというとき、このような人々はある指導者によって支配されるようなものであり、それは霊がわれわれのうちに生じることによるのである。目が光を悦び光によってその働きを遂行できるように、われわれは霊を知り霊によって内的に照らされることで、何をなすべきかを知り行為できる。この際、霊的人間の心は自分自身よりして動くのではなく、その運動は聖霊に由来する純粋なものである。すなわちより上級のものである聖霊の働きによって霊的人間の意志は主要的に動かされており、この導きは獣が固有の運動によってではなく自然本性によってなすべき働きへと向かわされるように、霊的人間にとって本質的かつ強力なものである。しかしこの聖霊による導きによって、霊的人間の意志が強制されたり、選択の自由が拘束されるといったことはない[19]。聖霊は人間の意志を創造したものあるいは人間が意志することの可能根拠として、われわれの意志が自発的に働くようたえず力を与えると同時にその方向を甘美な仕方で規定しているからである。このかぎりで霊的人間のすべての業は神の業と言えるのであって、ここでは神と人間が一つとなってそのすべての働きを生み出し、それゆえその業は永遠性に関わるものとなる[20]。聖霊の導きに従うことはわれわれの自然本性の完成であり、その完全な遂行、いわばある種の極致を表現するものと言えよう。

結　語

以上の考察よりして、『ロマ書註解』における信仰概念の特徴は以下のところに見出されよう。第一、信仰は意志に動かされた知性による確固たる同意であって、その対象は見えざる第一真理である。第二、信仰が徳であるのは、意志が愛によって完成されている場合においてのみであり、愛は神的ペルソナとしての父と子の愛の分有に他ならない。第三、不完全な信仰と完全な信仰とは数的に同一の習慣であり、愛によって前者は後者へと完成される。第四、信仰によってはじめて恩恵の生が開かれる。完全な信仰によって、われわれはキリストを内的に所有し、キリストと一なる生を成就するのである。

最後に本論を結ぶにあたり、トマス哲学における信仰の重要性ないし信仰と理性との関係について付言しておきたい。そのため以下において、『神学大全』第一部一問八項「この教えは論証的（argumentativus）であるか」を振り返ることにする[21]。まずトマスは以下のような異論を提示する。もしこの教えが論証的であるなら、それは権威（auctoritas）による論証であるか、理性（ratio）による論証であるかのいずれかである。仮に権威によるとすると、それはこの教えの品位（dignitas）にふさわしくないように思われる。権威からの引用はもっとも弱いものであるから。仮に理性によるとすると、それはこの教えの目的にふさわしくない。人間理性が証拠を提示できるところで信仰は功徳を得ないから。

一見もっともらしいこの異論に対しトマスは以下のように答える。権威による論証はこの教えにもっとも固有である。この教えの原理は啓示によって得られるからである。このことはこの教えの品位を損なわない。というのも人間理性に基づく権威からの引用はもっとも弱いにせよ、神的啓示に基づく権威からの引用はもっとも強力だからである。ここでトマスは、権威を人間理性に基づくものと神的啓示に基づくものとに区別し、前者から出発する論証はもっとも脆弱であるのに対し、後者を原理として営まれるこの教えはもっとも強力で品位あるものとしている。つまりこの教えの品位も確実性もただひとえに神的啓示あるいは第一真理という権威に由来するのであって、それ以上の根拠づけは意味をなさない。まさに永遠なる神への信仰がこの教えの要であり、この教えの全体は信仰箇条（articulus fidei）に潜勢的に含まれているとされる。以上よりして、トマス哲学における信仰の位置ないし重要性は明らかとなったであろう。

ではわれわれは信仰箇条をただ盲目的に信仰するだけでよいのだろうか。トマスは言う。この教えは人間理性をも用いる。それは信仰箇条を証明するためではなく、この教えにおいて伝えられる事柄を明らかにする（manifestare）ためである。たしかにわれわれはこの学の原理である信仰箇条を理性によって証明することはできない。しかしこの原理から展開される事柄を可能なかぎり明らかにすることは人間理性の仕事であり、理性本来の要求でもある。「恩恵は自然を破壊せず却ってこれを完成する」（gratia non tollit naturam sed perficit）ので、自然理性は信仰に奉仕しなければならないのである。それはちょうど意志の自然的傾向性が愛によって導かれるのと同様である。理性は信仰の教えるところを明らかにするという営みのなかでその本来的地位を見出すのであり、信仰によって高められつつその内容を知解していくのである。つまり神の啓示によって開かれたわれわれの自然本性を超越する真理を、恩恵によって強められた知性によって少しでも明証的なものにしようとすること、このような意図がトマス哲学を支えているのである。

註

（1）Cf. Torrell, *op. cit.*, p. 333.
（2）Miriam Rose, *Fides caritate formata*, Göttingen 2007.
（3）*Ibid.*, S. 153-214.
（4）Bruno Niederbacher, *Glaube als Tugend bei Thomas von Aquin*, Stuttgart 2004.
（5）*Ibid.*, S. 90-149.
（6）Cf. *ibid.*, S. 10.
（7）岩下壮一『信仰の遺産』岩波書店、一九四一年。
（8）同右、二三一―三四八頁参照。
（9）Cf. Thomas Aquinas, *Expositio super Epistolam ad Romanos*, Marietti, 1953（以下、*Ad Romanos* と略記）, n. 105.
（10）Cf. *S. T.*, II-II, 4, 1, c.
（11）*Ibid.*
（12）Cf. *Ad Romanos*, n. 106.
（13）*Ad Romanos*, n. 392.
（14）Cf. *Ad Romanos*, n. 107, 643.

(15) Cf. *S. T.*, II-II, 4, 4, c.

(16) Cf. *S. T.*, II-II, 4, 4 ad1.

(17) *Ad Romanos*, n. 108.

(18) *Ad Romanos*, n. 635.

(19) 『ロマ書註解』における「聖霊の導き」と自由意志との関係について、Gilles Emery, O. P. は次のように述べている。「この場合、人間——霊的人間、すなわち聖霊によって動かされる者——は、より上位の行動原理である聖霊の衝動によって行為する。聖トマスが注意深く指摘しているように、この動的な衝動は人間の自由を減少させるものではない。なぜなら、霊はわれわれの自由意志の最深において働くからである。つまり、聖霊はわれわれの行為に自由を付与し、まさに自由意志の運動そのものを与えるのである。このようにして、聖霊の動的衝動の下に為された行為は、完全な意味で自由な行為に留まっている」。Cf. Gilles Emery, O. P., *The Holy Spirit in Aquinas's Commentary on Romans* in: Michael Dauphinais, Matthew Levering (ed.), *Reading Romans with St. Thomas Aquinas,* Catholic University of America Press, 2012, p. 147f.

(20) Bruce D. Marshall は、『ヨハネ福音書講解』における聖霊の働きを、主として人間を神の養子とすることのうちに見ている。Cf. Bruce D. Marshall, *What Does the Spirit Have to Do* in: Michael Dauphinais, Matthew Levering (ed.), *Reading John with St. Thomas Aquinas*, Catholic University of America Press, 2005, p. 66.

(21) Cf. *S. T.*, I, 1, 8.

Ⅱ　『ヨハネ福音書講解』における恩恵論

序

後期トマスの恩恵論はどのような特徴を持つものだろうか。本論では、後期トマスの諸テキストを厳密に読解することによってこの問いに答えたい。考察は恩恵についての聖句「その充実からわれわれはみな受けとる」(Et de plenitudine ejus nos omnes accepimus）に関するトマスの解釈（二〇二節）に即して進められる。その際必要に応じて、トマスの恩恵論の代表的典拠である『神学大全』第二部の一第一〇九—一一四問題、三位一体についてのべられた『神学大全』第一部第二七—四三問題が参考にされる。後期トマスの恩恵論をできるだけ十全な仕方で提示するためである。著作の成立年代については諸説あるが、Torrell によると、『ヨハネ福音書講解』は第二回パリ大学教授時代（一二六八—七二）の一二七〇—七二年に成立し[1]、『神学大全』の第二部の一は同時期の一二七一年、第一部はローマ滞在時代（一二六五—六八）の一二六八年までに書かれたとされる[2]。しかるにトマスは一二七四年に四九歳で没している。したがって本論で扱われるテキストないしそこから抽出される考えは、後期トマス思想を反映するものとみて差しつかえないだろう。本論の構成は以下のとおりである。二〇二節においてトマスは、「その充実からわれわれはみな受けとる」という聖句の de という前置詞の用法を三つに区分する。私はこの区分にしたがって上の聖句を詳しく解説したい。第一は、作出因（efficientia）ないし起源的原因（causa originalis）を表示するdeである。第二は、実体の共通性（consubstantialitas）を表示するdeである。第三は、部分性（partialitas）を表示するdeである。

1　作出因（efficientia）ないし起源的原因（causa originalis）を表示するde

「光線は太陽から発出する」（radius procedit de sole）と言われる場合、太陽は光線を生ぜしめる原因である。「前置詞deはこのような仕方で、キリストにおいて恩恵の作出因ないしその始原（auctoritas）があることを表示する。というのもキリストのうちなる恩恵の充実（plenitudo gratiae）は、すべての知性的被造物におけるあらゆる恩恵の原因（causa omnium gratiarum）だからである」[3]。トマスはここで明確に、恩恵の原因がひとえにキリストであることを述べている。同時期に書かれた『神学大全』第二部の一第一一二問一項「神のみが恩恵の原因であるか」（Utrum solus Deus sit causa gratiae）においては、より説得的な仕方で上の結論の正しさが示されている。

いかなるものもその種（species）を超えて働くことができない。なぜならつねに原因は結果より強力（potior）でなければならないからである。しかるに恩恵の賜物（donum gratiae）は被造的本性のあらゆる能力を超え出ている。というのも恩恵の賜物は、あらゆる他の本性を超え出ている神的本性（divina natura）のある種の分有（participatio）にほかならないからである。それゆえ何らかの被造物が恩恵を生ぜしめる（causare）ことは不可能である。すなわち火（ignis）以外の何かが発火する（ignire）ことが不可能であるように、神のみ（solus Deus）が、ある種の類似性の分有によって神的本性の交わり（consortium）を伝えることで、神たらしめる（deificere）のである。(4)

ここでは、つねに原因は結果よりも強力でなければならないという一般的法則と、恩恵がすべての被造的本性を超え出る神的本性を有するものであるということから、いかなる被造物も恩恵の原因たりえないことが明快に示されている。恩恵を生ぜしめることのできるほど強力な被造物はどこにも存在しない。ただ神のみが知性的被造物を神に似たものにするのである。下級のものは上級のものの力によらなければ上級の秩序に属することはできず、下級のものが上級のものを原因することもできない。「神が恩恵を魂に注ぐことのために、神がなすことのないいかなる準備（praeparatio）も必要とされない」(5)。「これは、意志する者（volens）にも努力する者（currens）にも属さない、憐れむ神（miserens Deus）に属する」(6)。すなわち恩恵の原因に関しては、神がそのすべてである。

2　実体の共通性（consubstantialitas）を表示する de

「子は父から出てくる」（Filius est de Patre）と言われる場合、子は父とその実体あるいは本質に関して共通なものを持つはずである。「このことにしたがえば、キリストの充実は聖霊（Spiritus Sanctus）にほかならない。聖霊はキリストから、本性（natura）、力（virtus）、大きさ（maiestas）において、キリストと実体を共にする仕方で（consubstantialis）発出するからである。というのも、たとえキリストの魂のうちの習慣的賜物（dona habitualia）がわれわれのうちにおけるそれとは異なるにせよ、それにもかかわらずキリストのうちなる同一の（unus et idem）聖霊が、すべての義とされるべき人々（sanctificandi）を充たすからである」(7)。ここでトマスは端的に、キリストの充実は「聖霊」に他ならないと言う。さらにすべての義とされるべき人々は、キリストと「同一の」聖霊によって充たされるのである。ここでの議論をより現実的なものにするため、『神学大全』第一部第三七問一項「愛は聖霊の固有の名であるか」(Utrum Amor sit proprium nomen Spiritus Sancti) におけるトマスの議論を参照したい。

聖霊は愛であるかぎりにおいて父と子の絆 (nexus) であるといわれる。なぜなら父が一なる愛 (unica dilectio) によって自らと子を愛し、子もまたそのようにするとき、愛としての聖霊において、父から子への、また子から父への関係が、愛するものから愛されるものへの (amantis ad amatum) 関係として含意されているからである。父と子が互いに愛し合う (se mutuo amare) ということから、聖霊であるところの相互的愛 (mutuus Amor) がこの両者から発出することは必然である。(8)

この議論から聖霊について以下のことが明らかとなる。聖霊とは端的に「愛」(Amor) であり、それは神的ペルソナとしての父と子が互いに愛し合うとき、両者から発出するものである。一なる愛において両者は結ばれており、その意味で聖霊は「絆」(nexus) ともいわれる。愛とは「一つにするある力」(quaedam vis unitiva) である。(9) ここでの議論は三位一体に関するものであるが、上の恩恵論の文脈においては次のように言えるだろう。恩恵を注がれるとは聖霊に充たされることであり、それは愛において神と結ばれることに他ならない。「主に結びつく者は主と一つの霊となる」(10)。この聖霊としての愛について、『神学大全』第二部の一第一一〇問一項においては次のように語られている。

もう一つは特別な愛（dilectio specialis）であって、この愛において神は、理性的被造物をその本性の条件を超えて、神的善の分有へと引く（trahere）のである。そしてこの愛において、ある者は端的に愛している（simpliciter diligere）といわれる。というのもこの愛において、神は端的な仕方で、被造物に永遠なる善（bonum aeternum）を、すなわち神自身を欲する（velle）からである[11]。

以上よりして、恩恵を注がれた者が愛において神と結ばれるとは次のことを言ったものであろう。すなわち神の愛あるいは三位一体の交わりへ被造物が入り来ることを「神が欲する」ことであると。キリストの充実は聖霊であり、聖霊は愛であり、愛なる神は永遠である[12]。

3　部分性（partialitas）を表示する de

「このパンから受けとれ」（accipe de hoc pane）と言われる場合、パンの一部分を受けとるのであってその全体ではない。「前置詞 de がこのように解されたとき、それは受けとる者において充実の一部分が運びこまれることを示す。というのもキリストは聖霊のすべての賜物を尺度なしに（sine mensura）完全な充実にしたがって受けとっているが、われわれはその充実からある一部分（pars aliqua）をキリストによって分有する（participare）からである。そしてこのことは神がそれぞれに配分した尺度にしたがって起こる[13]」。ここでトマスは、われわれが恩恵を受けとると言われる際、それはキリストの充実そのものを全体として受けとるのではなく、その一部分を分有するにとどまると述べている。このことをよりよく理解するため、『神学大全』第一部第三五問二項「像の名は子に固有であるか」（Utrum nomen imaginis sit proprium filio）を参照したい。

ある者の像（imago）は何らかのものにおいて二つの仕方で見出される。一つは種にしたがって同じ本性を持つものにおいてであり、王の像がその子において見出される場合である。一つは他の本性を持つものにおいてであり、王の像が銀貨において見出される場合である。第一の仕方において御子は御父の像であり、第二の仕方において人間は神の像である。それゆえ人間における像の不完全性を示すために、人間はただ像といわれるのみならず、「像にかたどって」（ad imaginem）ともいわれる。これによって完成へと向かうある種の運動が示される。しかし御子について「像にかたどって」ということはできない。御父の完全な像だからである。[14]

トマスはこの議論によって、神の像といわれる場合、神の子であるキリストにおいてと被造物である人間においてとではその意味が異なると言っている。キリストは御父と同じ神的本性を持つから神の完全な像である。人間は被造的本性を持つから神の不完全な像である。それゆえ人間は、不完全な神の像から完全なそれへと向かう途上にあるかぎりで、「像にかたどって」（ad imaginem）とも言われる。ここでの神の像に関するキリストと人間との差異の考察は、上の恩恵に関する議論の理解に役立つ。神なるキリストは恩恵の充実そのものであるのに対し、被造物たる人間はその本性の不完全性ゆえに、充実の一部分を分有することしかできない。「恩恵の対象ないし目的は、その光の無限性ゆえに（propter sui luminis immensitatem）われわれに知られていない（ignotum）」[15]。「ちょうど途上にある愛（caritas viae）が空しくされることなく祖国（patria）において完成されるように、恩恵の光（lumen gratiae）についてもまた同様である。なぜなら両者ともにその概念において不完全性を含んでいるからである」[16]。

結　語

以上、前置詞 de の三つの用法にしたがって「その充実からわれわれはみな受けとる」という聖句の意味が規定された。私はその成果を、『神学大全』の関連する箇所によって補完することで、後期トマスの恩恵論の抽出を試みた。結果、要点は以下のようになる。第一、恩恵の原因は神のみである。第二、恩恵を受けとるとは、キリストと同一の聖霊に充たされることであり、それは愛なる神とひとつになることである。第三、われわれが受けとるのは、恩恵の充実そのものではなくその一部分である。第四、以上三点の考察より、後期トマスの恩恵論はきわめて神中心的である。この結論を強固にするため、トマスの以下の言明をみたい。「神のうちに実体的に存在する（substantialiter est）ものは、神的善性を分有する魂において付帯的に生じる（accidentaliter fit）」[17]。ここから次のことが分かる。われわれが恩恵を受けとると言われる場合、それは不確実で移ろいやすい出来事であり、恩恵が本来的に存在するのは神においてである。したがって後期トマスの恩恵論が、恩恵を受けとるわれわれ人間の側からではなく、恩恵の充実そのものである神の側から考察されていることは確実であり、この点に『ヨハネ福音書講解』の独自性があると言えよう。さらに本論の全体よりして以下のようにいうことは不可能であろうか。後期トマスにとって、神の愛あるいは三位一体の交わりのみが唯一現実的なものであって、それにしたがってその恩恵論は構成されている。

以下に後期トマスの恩恵論に関する最近の論文を挙げ、本論の独自性を確認して結びとしたい。第一は桑原直己「トマス倫理学における恩恵」（二〇〇五）[18]である。著者はこの論文で、主に『神学大全』第二部の一第一〇九—一一四問題にもとづいて、トマスによる恩恵ないし自然本性に関する様々な区別（distinctio）を整理し、その区別にしたがって両者の関係を考察している。結果、「神は、内的根源として働く『性向的賜物（donum habituale）としての恩恵』を通して人間の内側から、また、あくまでも人格的他者として外的根源の形で働く『神的扶助（divinum auxilium）としての恩恵』を通して外側から、という両面から人間を、『自然本性の自己超越』に向けて助ける」[19]という。これに対し私見では、後期トマスの恩恵論は恩恵そのものである神の側から、恩恵を受けとる人間をそのうちに含む形で統一的に考察されている。その意味で後期トマスの恩恵論においては、人間を媒介として究極的には恩恵そのものたる神が考察されており、恩恵のあらゆる側面において神がすべてである。私のこの見解はけっして恣意的憶測ではなく、『ヨハネ福音書講解』のテキストが指示するものであることに注意してほしい。

第二は稲垣良典「恩寵と自由意思」（一九九七）[20]である。著者はこの論文で、トマスの後期の著作である『神学大全』の上掲箇所と、初期の著作である『命題論集註解』ないし『真理について』の恩恵に関する議論を比較考察することで、トマスの探究の歩みをつきとめ、そこからトマスの恩恵理解を引き出そうとしている。結果、「初期の著作においては、恩寵は何よりも人間に内在して、かれを神によみされた者たらしめる形相ないし習慣的賜物として理解されている」[21]とし、「恩寵の原因である神の意志を根源的な意味で恩寵と呼ぶことには何の問題もない……そのことを明確にした点に後期の著作におけるトマスの「恩寵」概念の特徴、したがってトマス固有の恩寵理解が認められる」[22]とする。さらに「（後期トマスにおいては、）人間の霊魂を内的に動かす超越的な神の恩寵意志と、人間がそれによって働きを為す内在的な習慣的賜物としての恩寵とを、まさしく一つのものとして捉える恩寵理解に到達した」[23]としている。私は『神学大全』の上掲箇所を通読した結果、たしかに著者と同じような理解に至った。しかし私は『ヨハネ福音書講解』のテキストにしたがって、後期トマスの恩恵理解をよりいっそう神中心的に捉えたい。すなわち後期トマスの恩恵論の本質は、神と人間、恩恵と自由意志という問題圏にではなく、三位一体論をはじめとした神そのものを考察する議論にこそ見出される。

第三はJohn F. Wippelの‘Natur und Gnade’（二〇〇五）[24]である。これは『神学大全』の上掲箇所の要約である。後期トマスの恩恵論がきわめて神中心的であることは、著者の以下のような言明からも明らかである。「それぞれの魂を恩恵の受容へと動かすことはただ神の意志（Gottes Absicht）に属する。結果、人間は恩恵を過つことなく（mit Unfehlbarkeit）受けとるのである」[25]、「われわれの行為は神の計画（Vorausordnung）によってのみ功徳の意味を持ちうるのだが、本来的意味において神は、われわれのではなく自分自身の負債者（Schuldner）である。すなわち神は自らの計画（Anordnung）が実現されるということに関して、自分自身に責任があるからである」[26]。著者によるこのような神の意志の確実性（infallibilitas）[27]の強調は、後期トマスの恩恵論においてまさしく「神の御心がすべて」であったことを言い表すものである[28]。私は著者のこの見解に同意しながらもなお以下のことを強調したい。恩恵はそのまま神の憐れみないし聖霊としての愛そのものである。

註

（1） Cf. J. P. Torrell, *op. cit.*, pp. 198-201, 339.

（2） Cf. *ibid.*, pp. 145-148, 333.

（3） Thomas Aquinas, *Super Evangelium S. Ioannis Lectura*, Marietti, 1952（以下、*Ioannis Lectura* と略記）, n. 202.

（4） *S. T.*, I-II, 112, 1, c.

（5） *S. T.*, I-II, 112, 2, ad3; cf. *S. T.*, I-II, 111, 2, ad2.

（6）「ロマ書」九章一六節 ; cf. *S. T.*, I-II, 111, 3, s.c.; cf. *S. T.*, I-II, 112, 1, s.c.

（7）*Ioannis Lectura*, n. 202.

（8）*S. T.*, I, 37, 1, ad3.

（9）Cf. *S. T.*, I, 37, 1, ob. 3.

（10）「コリント前書」六章一七節。

（11）*S. T.*, I-II, 110, 1, c.

（12）Cf. *S. T.*, I, 43, 3, ad2.

（13）*Ioannis Lectura*, n. 202.

（14）*S. T.*, I, 35, 2, ad3.

（15）*S. T.*, I-II, 112, 5, ad3.

（16）*S. T.*, I-II, 111, 3, ad2.

（17）*S. T.*, I-II, 110, 2, ad2.

（18）桑原直己「トマス倫理学における恩恵」『トマス・アクィナスにおける「愛」と「正義」』知泉書館、二〇〇五年、三四八―三七二頁。

（19）桑原、上掲書、四五九頁。

（20）稲垣良典「恩寵と自由意思」『トマス・アクィナス倫理学の研究』九州大学出版会、一九九七年、一一九―一三〇頁。

（21）同上 , p. 121.

（22）同上 , p. 122.

（23）同上 , p. 123.

（24）John F. Wippel, *Natur und Gnade,* in; Andreas Speer (Hrsg.), *Thomas von Aquin: Die Summa Theologiae*, Berlin 2005, SS. 246-270.

（25）*Ibid.*, S. 262.

（26）*Ibid.*, S. 268.

(27) Cf. *S. T.*, I-II, 112, 3, c.
(28) Cf. *S. T.*, I-II, 112, 3, s.c.

Ⅲ　『ヨハネ福音書講解』における神の世界内在について

序

神は霊であって時間空間という形式に従うこの世界を超えており、われわれの感覚ではなく知性によってのみ捉えられる実在である。神のこの世界からの超越は、アリストテレスの神のように、世界とは没交渉に自らの思惟を自己還帰的に遂行する理性を想像させる。しかしキリスト教の神は摂理の神であって、個々の人間や事物それぞれに対する知と愛を有し、積極的に世界に関わりそれを統帥するものである。本論ではこの神の世界への関与に注目し、それを存在論的に基礎づけることを目的としている。神が世界に内在すると言われるとき、それはいかなる様態で、いかなる働きによって、いかなる理由からなされるのか。この問いに答えることは、われわれが神の世界への関与をより現実的に理解し、そこから世界を神の内にあるものとして捉えなおすきっかけとなるだろう。世界をその根拠である神において理解するときはじめて、世界内の事物はわれわれにとって真の意味や価値を持つようになり、その存在を肯定されるのである。本論で私は「真の光は世にあった」（ヨハ一・一〇）という聖句の解釈に注目し、それを『神学大全』第一部一―二六問の議論によって補完することで、トマスが神の世界内在をいかに理解していたかを示したい。

1　世界における神の存在様態

トマスによれば、「あるものが世界のうちに存在する」というのに三つの仕方がある。[1] 一つ目は包含という仕方によってであり、ちょうど場所的なもの（locatum）が場所（locus）において存在する場合である。たとえば「林檎が机の上に存在する」と言われる場合、場所的なものである林檎が机という場所に包含されてあるわけである。

二つ目は部分（pars）が全体（totum）のうちに存在する場合である。というのも世界の部分は、それが場所的なものでなくとも、世界のうちに存在すると言われるからである。天使などの超自然的実体（substantia supernaturalis）は、質料を持たないがゆえに場所的には（localiter）世界のうちに存在しないとしても、部分として（ut pars）は世界のうちに存在するとされる。「非物体的なものが場所のうちに存在するのは、物体のように次元的量の接触（contactus quantitatis dimensivae）によるのではなく、力の接触（contactus virtutis）による」[2]。

トマスによると、真の光ないし神が世界のうちに存在するのはこれらいずれの仕方によるのでもない。神は場所的なもの（localis）ではなく、世界の一部（pars universi）でもないからである。トマスにしたがえば、むしろ全世界（totum universum）が神の部分であり、その善性を部分的に分有しているのである。「たとえ物体的なもの（corporalia）が何らかのもののうちに包含されてあるといわれるにしても、霊的なもの（spiritualia）はそれがそのうちにあるところのものを包含している。ちょうど霊魂が身体を包含しているように。それゆえ神もまた、事物のうちにそれらを包含するものとしてある（Deus est in rebus, sicut continens res）」[3]。トマスによると、真の光ないし神は第三の仕方、すなわち作出因かつ保持因（causa efficiens et conservans）として世界に存在する。

2　創造の働き

以上の考察よりして、神が世界に内在するといわれるとき、それは万物の作出因かつ保持因としてであるということが明らかにされた。ではその働きとはいかなるものであるのか。まずトマスは、万物に働きかけそれらを生ぜしめる御言（Verbum）と他の働くもの（alia agentia）との差異を述べ、神の特異性を示す(4)。他の働くものは外に存在するもの（extrisecus existentia）として働く。すなわちそれらは、事物の外にあるもの（ea quae sunt extrinseca rei）に関して何らかの仕方でそれを動かし変化させることによってのみ働くので、外的なものとして働くのである。たとえば足が球を蹴る場合などがそうであろう。これに対し神は創造する（creare）ことによって働くため、万物においてそのうちで働くもの（interius agens）として働く。以下がその理由である。すなわち創造するとは被造物に存在を与えること（dare esse）である。それゆえ存在（esse）はいかなるものにとってもその最内奥（intimus）にあるから、働くことによって存在を与える神は、その最内奥で働くものとして事物のうちで働くのである。この神の創造の働きをより精確に理解するため、『神学大全』第一部八問一項「神は万物のうちに存在するか」（Utrum Deus sit in omnibus rebus）を参照したい。

神は万物において、その本質の一部（pars essentiae）としてでも付帯性（accidens）としてでもなく働くもの（agens）として、そこにおいて働きかけるものに臨在している（adesse）。というのもすべての働くものは、そこにおいて直接的に（immediate）働きかけるものに結合されて（conjungi）いなければならず、その力によって（sua virtute）そのものに触れて（contingere）いなければならないからである。それゆえ、動かすものと動かされるものとは同時に存在（simul esse）しなければならないと『自然学』第七巻において証明されているのである。しかるに神はその本質によって存在そのもの（ipsum esse per suam essentiam）であるから、ちょうど発火（ignire）が火そのものの固有結果であるように、被造的存在（esse creatum）は神の固有結果でなければならない。しかるに神は事物のうちにこの結果を、事物が最初に存在しはじめるときのみならず、存在において保たれているかぎり生ぜしめる。空気が照らされているかぎり、太陽によって光が空気のうちに生ぜしめられているのと同様である。それゆえ事物が存在を有するかぎり、神はその事物が存在を有する仕方にしたがって（secundum modum quo esse habet）、その事物に臨在していなければならない。しかるに存在はいかなるものにとってもその最内奥（intimus）にあるものである。というのも他の箇所で述べたことから明らかなように、存在は事物のうちにあるすべてのものに関して形相的なもの（formalis）だからである。それゆえ神は万物においてその最内奥に存在しなければならない。(5)

神は万物において、その本質に含まれる何らかの部分でもなく、その実体に付帯する属性でもなく、被造物の存在に力によって触れながら、それに臨在している。神はその本質によって存在そのものであるから、被造物の存在が認められるかぎり、そこにその原因として神の存在がなければならず、神の存在と被造物の存在は太陽とそれによって照らし出された空気における光との関係に等しい。しかるに存在は万物の内なるすべてのものにとって、その形相にとってもまたそれを現実化するものであり、それゆえ万物の最内奥にある。したがって働くことによって被造的存在を生ぜしめる神は万物の最内奥になければならない。創造とは事物の最内奥における存在の贈与を指して言うものであり、被造物を神から切り離して考えることはできないのである。

3　神の世界内在

トマスは神の世界内在を三つの観点からさらに詳しく論じている[(6)]。トマスによれば、神は力（potentia）、現前（praesentia）、本質（essentia）によって万物のうちに存在する。このことを理解するためにまずは以下のことを知らなければならない。ある者は、その力に従属するすべてのものにおいて、「力によって」存在すると言われる。たとえば王は自らに従属する全王国において、その力によって存在している。またある者は、そのまなざしのうちにあるすべてのものにおいて、「現前によって」存在すると言われる。たとえば王は自らの家において、その現前によって存在している。さらにある者は、その実体が存在するものにおいて、「本質によって」存在すると言われる。たとえば王は特定のある場所において、その本質によって存在している。「力によって」神がいたるところに存在すると言われるのは、万物がその権能（potestas）に従属しているからである。この神の権能の絶対性を確認するため、ここで神の意志の確実性について述べられた箇所を引用したい。

それゆえ神の意志はもっとも強力（efficassimus）であるから、神が生ずることを欲したものが生ずるのみならず、そのように生ずるよう神が欲したとおりに生ずるのである。しかるに神は、あるものは必然的に（necessario）、あるものは偶然的に（contingenter）生ずることを欲する。その結果全世界の完成のために（ad complementum universi）、事物のうちに秩序が立てられるのである[(7)]。

この世界における出来事は、単なる偶然によるのでも、または機械的必然性によるのでもない。それらは神の意志によって現にそうあるように生じたし、生じるし、生じるであろう。たとえば雨が降るという事実は、その物理的原因を次のように説明できるかもしれない。つまり海の水が熱せられて水蒸気となり、それが集まって雲となって、それが重力に耐えられなくなって地上へと落ちるというように。しかしこのような物理的原因は、雨が降るという事象を物質的側面から観察し、その観点において説明を与えたに留まるのであって、雨が降ることの究極的な原因ではない。雨が降ることの究極的な説明は、その地方に住む者に水が与えられるように、また降雨によって作物が育ちそれを食料とできるように、あるいはそれ以外のいかなる理由を伴おうとも、「神がそれを欲した」ということであり、このことは諸々の二次的原因の根拠を示すものなのである。また神は一つの出来事を生起させることでそれを他の出来事に結びつけ、それがまた他の目的となりというように、人間の知性によっては把握することのできないほど緻密で秩序だった計画を世界に関して有している。このためある出来事は必然的に、また他の出来事は偶然的に生じるというように、神はいかなる出来事が生起するかのみならず、その生起の仕方をも決定している。神が「力によって」遍在するとは、この世界のいかなる事物も人間もこの神の意志に反して生起したり、行動したりすることがありえないということである。[8] すべては神の御心のままに生じ、それは世界の完成という目的を果たすものであり、神は悪ですらそこからより大いなる善が人類に帰結するように生じることを許すのである。

この神の意志の根拠は被造物の善性ではなく神自身の善性であり、「神は神以外のもの（alia a se）を神の善性という目的のためにのみ欲するので、神の善性以外の何かが神の意志を動かすということにはならない。ちょうど神は神の本質を知ることで神以外のものを知るように、神の善性を欲することで神以外のものを欲する」[9]とされる。ここで誤解してはならないのは、神がそれ以外のもの、すなわちすべての被造物の善性によって動かされず、神自身の善性のみを欲すると言われるとき、それは被造物が神の本質的欲求の外にありいわば付帯的に欲求されるのみだということではなく、神は被造物を完全な善性において、善そのものである神自身へ向けて欲するということなのである。被造物の善性はそれ自体において見れば不完全であり、それによって被造物を欲するように動かされることは、神のみならず被造物の価値をも貶める結果となるのであり、神の被造世界への愛は自身の善性からしてそれを欲するほど強力なものなのである。

「現前によって」神が存在すると言われるのは、万物が神の目には露わ（nudus et apertus）だからである。この神のまなざしの現前性は、神の知の浸透性と深く関わっている。

しかるに示されたように、それによって神の知性が知性認識するところの神の本質（essentia divina）は、存在するないし存在しうるすべてのものの十全な似像（similitudo sufficiens）である。それはすべてのものの共通なる原理（principia commnia）に関するのみならず、すべてのものの固有の原理（principia propria）に関する似像でもある(10)。

神の本質は霊的被造物も含めたこの世界に存在するすべての事物の十全な似像である。むしろすべての被造物は神の本質において先在しており、神はその知的規定性に基づいてすべてのものを創造したのである。またこの似像は存在しうるものに関するものでもあって、ここから実際に現実世界へと産出されてはいないが神の知のうちにのみ存在する観念があることが分かる。この観念の存在は、創造において神がいかなる知的規定性によっても拘束されず、実際に存在するこのものではなく可能的にのみ存在を有するかのものを創造することができたし、またできるということを示唆するものである。つまり可能的なものの存在は、創造における神の自由を保つために必要であり、神はこの世界のこの秩序をではなく、別の世界や秩序を造ることも可能なのである。また神の本質は事物の共通なる原理、すなわち人間一般や馬一般といった普遍者についての似像であるにとどまらず、事物の固有の原理、すなわちこの人間やこの骨などの個別特殊的規定性についての似像でもある。神は人間の心のうちや頭髪の数すら数えるほどに被造物を知悉しており、その知の及ばないところはなく、文字通りすべてのものは神の目には露わなのである。

またこの神の現前性は時間的制約を受けつけない永遠的なものであり、それについて次のように言われている。「というのも、神の知性認識すなわちその存在は、継起なく存在しながら全時間を把握している永遠性によって測られるので、神の常なるまなざし（praesens intuitus Dei）は、全時間ないしあるときに存在したすべてのものに及ぶ。それらは現在的に（praesentialiter）神に従属しているのである」。神の知は、過去に存在した、現在に存在する、未来に存在するであろうすべてのものに関するものであり、神はそれらを永遠の現在において直視している。[11] 神の存在は時間性という制約から自由であり、むしろ神は永遠性そのものである。[12] 時間的なものは同じ時間性に縛られているものによっては完全に認識されることはなく、永遠から存在しすべてのものを時間のうちに創造する神によってこそ完全に知られるのである。神が「本質によって」存在すると言われることについては、上で詳しく述べた。

さらにトマスは「あった」（erat）を解釈して次のように言っている。「福音書記者ヨハネは、『世のうちにあった』と言う際、明瞭に『あった』と言うこの言葉を用いていることに注目すべきである。神は万物を生ぜしめ保ちながら、被造物のはじめより（ab initio creaturae）常に（semper）世界に存在した。というのももし神がその力（virtus）を一瞬でも被造物から引き抜いたとすれば、万物は無へと（in nihilum）戻され、存在することをやめるだろうからである」[13]。ここから神によるこの世界の事物の存在への産出と保持が、創造のはじめよりする持続的なものであったことが示されている。神が存在において被造物を保つことがなければ、被造物は自らの力によって存在し続けることができない。被造物は神から創造され現実存在において保たれることにおいて、完全に神に依存している。被造物はそれ自体としては無であって、存在を与えるのは神である。このかぎりで神は存在の原因（causa essendi）であり、被造物の全体はこの神の力によって包含されているといえる。この神による被造物の包含についてトマスは次のように述べている。

被造物が神のうちに存在すると言われるのは二つの仕方による。一つは神の力（virtus divina）によって包まれ保たれている（contineri et conservari）かぎりにおいてである。ちょうどわれわれの権能のうちにあるものがわれわれのうちに存在するというように。被造物はそれらが固有の本性において（in propriis naturis）存在するかぎりにおいてもまた、神のうちに存在するといわれる。『われわれは神のうちに生き、動き、存在する』（In ipso vivimus, movemur et sumus）という使徒の言葉は、このような仕方で理解すべきである。というのもわれわれの存在も、われわれの生も、われわれの運動も神によって生ぜしめられる（causari a Deo）からである[14]。

ここで注目すべきは、被造物がその固有の本性において存在するかぎりにおいても、神のうちに存在すると言われていることである。しかるに被造物の働きはすべて二次的原因であり、神の働きは第一原因（causa prima）

である。よってすべての二次的原因は第一原因によって包含され、その力のうちで原因性を獲得すると考えられる。第一原因は二次的レベルの原因の系列を遡って到達されるものではなく、二次的原因のすべてに原因性の力を付与する根拠として考えられなければならない。それはすべての二次的原因を自らの内に含みながら、自らは二次的レベルに落ち込むことなく、それらを統括している究極の原因である。

この第一原因である神と二次的原因である被造物の働きがいかに関係しているかについて、Rudi te Velde はトマスの創造論に関する論文において次のように述べているが、私もおおむね彼の見解に同意するものである。「神はある意味ですべてであり、すべてをなし、かつその際、他のものとのいかなる共働(Konkurrenz)にも入らない原因である。神から神によって神において存在しないものは何もない……しかしトマスにとって一次原因の絶対性と包括性が意味するのは、それが唯一の原因であるということではなく、被造物がそれに対して本来的に無であり、何もできないということである。トマスの創造理解に特徴的なのは、神と被造物とが共働するという考えへのいかなる傾向性にも反対していることである……火そのものが熱するのではなく、火のうちにある神がそうするのである。自然の領域における神の働きは、神が自然本性の働きをいわば『引き受ける』(übernehmen)と言うように考えられてはならない。そうではなくまさに、神は事物に形相と力をあたえ事物をその働きへともたらすことで、自然本性をその固有の働きへと『確立する』(setzen)のである。まさしくここにおいて、創造主の存在の力(Seinsmacht)が示される。神が自然本性の働きのうちで働くのは、存在の超範疇的な原因として、自然本性におけるあらゆる範疇的形相と力をその内側から、『存在をもって』(mit dem Sein)伝える(vermitteln)ことである……存在はまさに二次原因のすべての働きにとって共通的なもの(das Gemeinsame)である」[15]。

以上から明らかなように、神が第一原因であることによって、二次的原因の働きが第一原因に還元されてしまうことにはならない。第一原因と二次的原因とはある意味で両立するものであって、それは両者が共働するということではなく、第一原因が存在でもって二次的原因に形相と力を与え、それを働きへと確立することで自然本性の働きは生じるからである。神は二次的原因を無益に造ったのではなく、第一原因の存在の力のもとでその働きを全うするために秩序づけ配置したのであり、このかぎりで二次的原因にとって存在は共通のものとなる。この共通なものである存在が神であり、ここから二次的なすべての働きはすべて神の業であるとか、被造物はその本性においてもまた神のうちに存在するとか言われるのであるが、このことはここで言う存在とその役割をよく理解しなければ容易に汎神論という安易な解決に陥ることになる。第一原因と二次的原因の関係は上の引用にもあるように精妙なものであって、どちらか一方しか存在しないというような見解は度外視するにしても、その関係についての適切な説明は様々な解釈を容れるものであり、正しいところを見極めることは難しい。いずれにしても神が被造物に存在を与え存在において保持するということは、被造物のすべての働きを存在を通じて生ぜしめることであり、きわめて動的な過程であると考えられるだろう。

結　語

本論の目的は神と世界との関係性あるいは神による世界への関与を存在論的に基礎づけることであった。そのためにまず世界における神の存在様態が問われ、場所的なものでも世界の一部でもない神は万物の作出因ないし保持因として世界に内在することが示された。

次いでその創造の働きが説明され、存在そのものである神は究極の現実性であるから、事物の最内奥に存在し、事物の存在に力によって触れながらそれを原因している。この存在贈与の働きは事物の外側からなされるものではなく内側からのものであって、物理的に観察される事象ではなく、形而上学的出来事である。

さらに神の世界内在はその力、現前、本質によってなされる。「その力によって」とは、万物が神の権能に従属しその意志のままに生じるかぎりで言われる。ある出来事は神の深い配慮にもとづいて全世界の完成のために起こるのであり、このように神の御心を熟考し真の原因を探ろうとすることは、地上的諸原因の連鎖を巡ることよりも究極的であり、有益なことである。またこの世界は神が被造物の善性に動かされて生じたのではなく、神の善性を欲したがゆえに造られたのであって、それは自己の善性を他に伝えようとする神の愛の結果である。「その現前によって」とは、すべてのものが神に露わであるかぎりにおいて言われ、神の知は霊的被造物も含めたすべての存在するもののみならず、存在しうる可能的なものに関するものでもあって、それによって創造における神の自由は保たれる。また神は人間一般などの普遍者のみならず、この人間に関する個別的規定をも知悉しており、神は全知である。さらに被造物に対するこの神の現前性は、時間的に制約されたものではなく永遠的なものであって、神は永遠の現在において全被造物を直観している。

最後に「あった」の解釈において、神による被造物の産出と保持が被造物のはじめよりする持続的なものであることが示される。ここからすべての被造物の神に対する全面的依存の関係が明らかとなるのであり、被造物はそれ自体としては無であって、神の力に包含されているかぎりで存在することができる。さらにこの神の存在贈与と被造物の受けとりに関して、第一原因と二次的原因との関係が問われる。第一原因である神は二次的原因を排除することなく、これに存在をもって形相と力を付与し働きへと確立する。このようにして存在は二次的原因にとってそこからすべてを得るところの共通の根源となる。このかぎりですべてのものは存在によって存立せしめられ働かしめられていると言える。この神の被造物への存在贈与は、存在をもってこの世界のすべての自然本性の働きを生ぜしめるきわめて包括的で中心的な役割を持つと同時に、神の存在そのものの働きでもある。したがって世界がこのように神に包含され支配されて働くのを見るとき、われわれは世界についての考察のうちに神の存在と知恵を求めることができ、時空を超えた霊的実在である神を世界の内から認識しようとする。また反対に世界はその第一原因である神に関係づけられて考察されるときその十全な意味と価値が理解されるのであって、もしわれわれが被造的な原因を一次的なものと見なすならばそれは無益なことであろう。(16)

註

（1）Cf. *Ioannis Lectura*, n. 133.
（2）*S. T.*, I, 8, 2, ad1.
（3）*S. T.*, I, 8, 1, ad2.
（4）Cf. *Ioannis Lectura*, n. 133.
（5）*S. T.*, I, 8, 1, c.
（6）Cf. *Ioannis Lectura*, n. 134.
（7）*S. T.*, I, 19, 8, c.
（8）神の意志はしばしば預言として示されており、その預言が実現しないことはないとされる。このことの例として、「マリアは男の子を産む」（マタ一・二一）という聖句のラバヌスによる解釈を引用することができるだろう。「このすべてのこと、すなわち乙女が婚約し、純潔に保たれ、身ごもっていることが発見され、天使によって明らかにされたことは、言われていたことが実現するためであった。というのも乙女が身ごもって産むことが実現するのは、石で殺されないように、婚約しているかぎりにおいてであり、不面目によって離縁されたことが広まり石によって殺されることのないように、天使によって秘密が明らかにされることでヨセフがマリアを受け入れるかぎりにおいてだからである。それゆえもし彼女が出産より前に殺されていたら、

『男の子を産むだろう』（イザ七・一四）という預言が廃れることになるのである」（Thomas Aquinas, *Catena aurea in quatuor Evangelia*, Marietti, 1953――以下、*Catena aurea* と略記――, *In Matth.*, 1・21)。このマリアの例から分かるように、神の意志による計画性は精妙なものであって、それを人間が把握することはできない。

（9） *S. T.*, I, 19, 2, ad2.

（10） *S. T.*, I, 14, 12, c.

（11） この神による過去・現在・未来の出来事の把捉について、Matthew L. Lamb は次のように述べている。「永遠なる三位一体の神は、すべての事物を全体として創造したので、神の創造の働きはすべての被造的事物と出来事を包含する。しかし、このことは事物や出来事にいかなる必然性をも課すことはない。なぜなら、永遠なる神が時間より『以前』に存在したのは、時間的な意味による『以前』ではないからである。神は来年あるいは次の世紀等々において、何が起こるか、また各人間がいかなる選択を行うかを知っている。これらの出来事はわれわれにとっては将来のことであるけれども、神に対してはその永遠なる『存在―認識―愛』において、それらのことすべてが現前しているのである」。Cf. *Eternity and Time in St. Thomas Aquinas's Lectures on St. John's Gospel* in: Michael Dauphinais, Matthew Levering (ed.), *Reading John with St. Thomas Aquinas*, Catholic University of America Press, 2005, p. 136.

（12） この神の永遠性について、Matthew L. Lamb は次のように述べている。「永遠性は過去・現在・未来と場所から成る四次元的な世界を超越している。むしろ時間と空間を有する四次元的な宇宙を創造するものこそが、永遠の御言なのである」。Cf. *Ibid.*, p. 133.

（13） *Ioannis Lectura*, n. 135.

（14） *S. T.*, I, 18, 4, ad1.

（15） Rudi te Velde, *Schöpfung und Participation,* in: Andreas Speer (Hrsg.), *Thomas von Aquin : Die Summa Theologiae*, Berlin 2005, S. 121f.

（16） Cf. *S. T.*, I, 19, 5, ad2.

第二章　摂　理

Ⅳ　『ロマ書註解』における神の予定について

序

神の予定と聞いて人はそこに何らか議論の余地を認めるだろうか。予定されているとは人間が神の権威によって救済へと決定されているということで、その決定は永遠なる知に基づいており覆らないのであるから、そこに何らか問うべきものはないように思われる。しかしこの神の予定の問題は古来より様々な神学者によって考察されてきた。そこで重要な論点となるのは、神の予定の根拠や人間の自由の問題である。われわれ人間の功徳と神による救済とはいかなる関係にあるのか。また神による予定と人間の自由とはどのようにして両立するのか。このような問題にトマスにしたがって解答することが本論の課題である。この考察によって、神によって予定されているということの持つ深い哲学的意味が明らかにされると同時に、神と人間とがいかに関わり合いながら救済に至るかが示されるだろう。本論では、「ロマ書」九章一〇―一三節のトマスによる解釈（七五八―七九五節）にしたがって、『ロマ書註解』における神の予定の問題を論じたい(1)。まずここで当該箇所の聖句を提示しておく。

サラの場合だけでなく、われわれの父であるイサクと交わることで身ごもったリベカの場合も同様である。

すなわちその子らがまだ生まれもせず、善も悪も為していない時に、行いによらず呼ぶ者によって選びによる神の計画が存続するために（ut secundum electionem propositum Dei maneret）、リベカに「兄は弟に仕えるであろう」と言われたのである。「私はヤコブを愛しエサウを憎んだ」と言われているとおりである。それではわれわれは何と言うべきか。神に不義があるのか。そうではない。というのも神はモーセに、「私は自分が憐れもうとするものを憐れみ、慈しもうとするものを慈しむ」と言っているからである。それゆえこれは意志する者にも努力する者にも属さず、憐れむ神に属する（non volentis neque currentis sed miserentis Dei）ことである。すなわち聖書にはファラオについて次のように書かれてある。「私があなたを立てたのは、あなたにおいて私の力を示し、私の名が全世界に告げ知らされるというまさにこのことのためである」。それゆえ神は憐れもうとする者を憐れみ、かたくなにしようとする者をかたくなにするのである。ところであなたは私に言うだろう。「なぜ神はなおも人を責められるのか。誰が神の意志に逆らうことができようか」と。人よ、神に口答えするとはあなたは何者か。造られたものが造った者に「なぜ私をこのように造ったのか」と言えるだろうか。陶工は同じ粘土から、一つを貴いことのための器に、一つを貴くないことのための器に造る権限があるのではないか。もし神がその怒りを示しその力を知らせようとしていながら、滅ぶことが当然である怒りの器（vasa irae aptata in interitum）を寛大な心において耐え忍ばれたとすれば、それも栄光へと用意されていた憐れみの器（vasa misericordiae quae praeparavit in gloriam）に自身の豊かな栄光を示すためであったとすればどうなのか。

1 様々な見解

トマスは七五八節において、予定に関する三つの見解を提示すると同時にそれらが不適切なものであることを示している。第一はマニ教徒、第二はペラギウス派、第三はオリゲネスの見解である。

第一に福音書記者ヨハネは約束の時を示して次のように言っている。「いまだリベカの息子たちが生まれていなかった時に」、約束によって彼らの一人がもう一人より優先された。……このことによってマニ教徒たちの誤りが排除される。彼らは人間に起こる多様な事柄を出生（nativitas）に帰し、その結果すべての人の生と死はその下に生まれた星座（constellatio）によって規定されるとする。このことは、「異教徒が恐れる天のしるしを恐れてはならない」（エレ一〇・二）と言われていることに反する。

しかるに「彼らが善も悪も為していなかった時に」と続けられているが、ここにおいてペラギウス派の誤りが排除される。彼らは先行する功徳（merita praecedentia）によって恩恵が与えられると主張するのに対し、「神はわれわれがなした義の業によってではなく、その憐みによってわれわれを救った」（テト三・五）と言われている。出生より以前にまた業より以前にリベカの息子の一人がもう一人に優先されたことによって、この両者が誤りであることが示されている。

このことによってオリゲネスの誤りもまた排除される。彼は人間の魂が天使たちと同時に創造されたとし、その時に（ibi）善をなしたか悪をなしたかという彼らの功徳によって様々な生が決定されるとする。彼にしたがえば、ここで「いまだ彼らが善も悪も為していなかった時に」と言われていることが真ではありえなくなるだろう。このことに反して、「夜明けの星が私を誉めたたえ、神のすべての子たちが歓喜する時、あ

なたはどこにいたのか」（ヨブ三八・七）と言われている。(2)

トマスはここで、「いまだリベカの息子たちが生まれていなかった時に」と言われていることに基づいて、予定の根拠を出生や星座に帰するマニ教徒の見解を退けている。(3) さらに「彼らが善も悪も為していなかった時に」と言われていることに基づいて、われわれの功徳によって恩恵が与えられるとするペラギウス派の見解、われわれの魂が創造された瞬間の業によって様々な生が決定されるとするオリゲネスの見解を不適切なものとしている。

2 miserebor cui misereor

上記の考察より予定の根拠が出生や功徳ではないことが示された。では神はどのようにしてある人を憐れむのか。この問いに対しては、神は自由に自分が憐れみたいと思う者を憐れむと答えるのが適当であろう。われわれの救済に関して神の意志がすべてであることを、トマスは七七二―七七三節において以下のように説明している。

救済のために人間にもたらされる神のすべての好意（beneficium）は、神の予定の結果（divinae praedestinationis effectus）である。しかるに神の好意は、それによって人間が義化（justificare）されるところの恩恵の注入のみならず、恩恵の使用（usus）にまで自らを拡張する。それはちょうど自然物において、神は事物のうちに形相そのものを生ぜしめるだけでなく、形相の運動と働きそのものをもまた生ぜしめるのと同様である。というのも神はすべての運動の根源であり、その働きが動かすことに関して休止すれば、形相からはいかなる運動や働きも生じないからである。ところで魂のうちにおける恩恵や徳の習慣のその使用に対する関係は、自然の形相のその働きに対するそれに等しいのである。それゆえ次のように言われている。「主よ、われわれのすべての業をわれわれのうちで為しているのはあなたである」（omnia opera nostra operatus es in nobis, Domine）（イザ二六・一二）(4)。

アリストテレスはこのことを、特別な根拠によって、人間の意志の働きについて証明している。すなわち人間は対立するもの、たとえば座るか座らざるかについての能力を有しているので、何らか他のものによって働きへともたらされるのでなければならない。しかるにこれらのうちの一方の働きへともたらすものは考量であり、それは対立するものの一方を他方より優先することによってなされるのである。しかし人間は考量するかしないかについての能力も有しているので、それによって考量の働きへともたらされる何らかのものが存在しなければならないだろう。このことにおいて無限に進むことはできないので、それが考量へと動かすところの、何か人間以上の外的な根源（aliquid principium extrinsecum superius homine）が存在しなければならない。そしてこれがまさに神である。

それゆえこのように恩恵の使用そのものも神に由来するが、このことによって、自然の形相が不必要にならないように、恩恵の習慣が不必要になることもない。たとえすべてのもののうちで働いているのは神であるにしても。というのも「神はすべてのものを甘美な仕方で配置する」（知八・一）と言われているように、すべてのものはその形相によっていわば自発的に（sponte）、それらが神によって秩序づけられているものへと傾かしめられるからである。

それゆえこのようにして、恩恵から生ずる功徳（merita consequentia gratiam）が憐れみや予定の根拠となることはありえない。そうではなくただ神の意志（sola Dei voluntas）にしたがって、神はある人々を憐れみ

深く自由にするのである。(5)

ここでトマスは、恩恵の注入のみならずその使用までもが神の意志によって規定されていることを、自然物における形相とその働きとの類比によって説明している。神はすべての運動の根源として、自然物のみならず理性的被造物たる人間をもその形相を通じて動かすのである。そのかぎりで神はすべてのもののうちで働いており、ここに神の恩恵の支配（principalitas gratiae Dei）を見ることができる。さらにトマスはアリストテレスを援用して、人間が対立する二つのものの一方を選択するときそれは考量によってなされるが、その考量すること自体を生ぜしめる根源がなければならないとする。これは人間の内的原理をいくら遡っても到達しえないものであって、何か人間以上の外的な根源でなければならない。そしてこれが神に他ならないのである。さらにこのように自然物や人間を動かす第一の根源が神であるにしても、それによって自然物の形相や恩恵の習慣が不必要になるわけではない。われわれは恩恵の習慣によって自発的に神を愛するのであり、自然物は神から与えられた形相によってその定められた目的へと向かうからである。以上から明らかなように、神は甘美な仕方ですべてのものを規定しているのである。人が救済に関しても自然物の支配に関しても神の意志がすべてであり本来それ以外の根拠はないと言うとき、そこで意味されているのは神による被造物への必然性の付与や強制ではなく、すべてのもののすべての条件を見計らった上での完全な支配である。

3　自由意志

このような神の支配は人間の自由意志との関係においてはいかに語られるだろうか。というのもわれわれはその自由意志によって善を選択し、習慣を形成し、神との一致を目指すかぎりで自己自身を支配するものだからである。トマスは神と自由意志との関係について七七七―七七八節で次のように述べている。

すなわち常に働きは二次的に働くものより一次的に働くもの（principalis agens）によりいっそう（magis）帰せられるのであって、たとえばわれわれが、斧が箱を作るのではなく職人が斧によって作ると言う場合がそれである。しかるに人間の意志は神によって善へと動かされるのである。ここからして、「神の霊に導かれる者は、神の子である」（ロマ八・一四）と言われている。またそれゆえ人間の内的働きが一次的に帰せられるのは人間ではなく神であって、「あなたたちのうちに働いて善き御心のままに望ませ行わせているのは神である」（フィリ二・一三）と言われている。(6)

しかし意志することが意志する者に努力することが努力する者に属さず、このことへと人間を動かす神に属するとすれば、人間はその行為の主人ではないように思われる。しかし人間が自らの行為の主人であることは自由意志に関わるのである。

それゆえ次のように言わねばならない。神は万物を動かすがそれは様々な仕方においてであって、すなわちそれぞれのものはその本性のあり方にしたがって（secundum modum naturae suae）神によって動かされるのである。そしてこのようにして、人間は神によって意志することや努力することへと自由意志の仕方で動かされるのである。それゆえこのようにして、意志することや努力することは自由に行為する者としての人間に属するのであるが、それは一次的に働くものとしての人間にではなく、神に属するのである。(7)

ここでトマスは、一次的に働くものとしての神に二次的に働くものとしての人間の自由意志を根拠づけている。たしかに考えようによっては、人間は自らの行為を自由に決定することにより内的に徳を形成し、恩恵を期待することができる。そのかぎりで人間はその自由意志によって自己を完成へと作り上げる権能を有しているとも言われよう。しかし人間の自由意志の運動を生ぜしめ善を選択させているのは実のところ神なのであり、自由意志の善性への志向ないし働きの遂行において、神の恩恵はたえずわれわれに本質的影響を及ぼしていると言わねばならない。[8] すなわち、「私なくしてあなたは何もできない」(ヨハ一五・五)のである。[9] 逆から言えば、われわれが自由意志によって善を選択し徳を形成し霊的に向上していくという営みは、神の恩恵の働きの一部なのである。しかしここでわれわれが神によって動かされるとか恩恵によって支配されているというとき、それは人間の意志の力を矮小化したり、それが神に委ねられることを意味するのではない。むしろそこで意味されているのはわれわれの意志が神の意志に対して開かれているという洞察なのであり、自由意志の力は無限の働きに関係しているのである。

4　悪の原因

しかし上記のように人間の自由意志は神の意志にその根拠を持つものであって、その運動は一次的に働く神に由来するとすれば、人間の行為において悪が生じると言われるのはどうしてであろうか。神は善き者であってそのような者からは善しか生じないだろうからである。この問いに対して七八一―七八五節におけるトマスの以下の言明に注目したい。

ある内的衝動（instinctus interior）によって、人間は神によって善ないし悪へと動かされる。それゆえアウグスティヌスは『恩恵と自由意志』において次のように述べている。神は人間の心のうちで働いて望むがままに彼らの意志を傾ける。その憐れみのために善へと、彼らの過失のために悪へと。それゆえ「神は若い少年の霊を駆り立てる」（ダニ一三・四五）と言われているように、神はしばしばある人々を善へと駆り立てる（suscitare）のである。また「私はメディア人たちを奮い立たせる。彼らは矢によって子供たちを殺す」（イザ一三・一七）と言われているように、神は悪を為すことへとある人々を駆り立てるのである。しかし善へと駆り立てる仕方と悪へとそうする仕方は異なっている。すなわち神は善を働くもの（actor bonorum）として、直接的かつ自体的に（directe et per se）人間の意志を善へと傾ける一方で、人間を悪へと傾けるないし駆り立てると言われるのは機会的に（occasionaliter）であって、すなわち神が人間にあるものを内的ないし外的に提示するかぎりにおいてである。このものはそれ自体としては善へと導くもの（inductivum ad bonum）でありながら、人間がその悪意のために転倒した仕方で（perverse）悪へと用いるのである。「あなたは神の慈愛があなたを悔い改めに導くことを知らないのか。あなたは自身の頑固さと悔い改めない心にしたがって、怒りの時の神の怒りを自身に蓄えている」（ロマ二・四）と言われ、「神は彼に悔い改めの機会を与えたが、彼は傲慢においてそれを悪用した」（ヨブ二四・二三）と言われている。[10]……神がある人々をかたくなにすると言われるのは、いわば彼らのうちに悪意を生ぜしめるというように直接的にではなく、間接的にすなわち人間が罪の機会を見出すものを内的あるいは外的に人間のうちに作り出すかぎりにおいてである。そしてこのことを神御自身は許容する（permittere）のである。それゆえかたくなにすると言われるのは、悪意を入れることによるのではなく、恩恵を与えないことによるのである。[11]

われわれは神に由来する内的な衝動によって善ないし悪へと動かされる。神は善を働くものとして直接的かつ自体的にたえずわれわれを善へと促しているが、われわれは悪の機会を得ることで自らの過失によって悪を結果してしまう。神によって外的あるいは内的に提示されるものはそれ自体としては善きものであるにもかかわらず、われわれに由来する悪意によって転倒した仕方で用いられることで悪が生じるのである。神がわれわれをかたくなにすると言われるとき、それは直接的に罪へと促すということではない。かたくなな心とは、神が恩恵を与えないことによりわれわれが神を離れて存在するという事態を指すのであり、悪ないし罪の原因はあくまでわれわれ人間の自由意志にある。[12] われわれは自らの意志によって神から離反し、無へと向かうのである。

5　予定の意味

これまでの考察により、われわれの救済に関して神の意志がすべてであるということが哲学的に説明され、さらに自由意志と神の意志との関係、ならびに悪の原因が明らかにされた。最後にトマスは七八八—七九二節において、善人の選びと悪人の拒絶について二つの問いを提示しその両方に答えようとする。

善人の選びと悪人の拒絶に関して二つの問いが議論の対象となる。第一は一般的になぜ神はある者をかたくなにしある者を憐れもうとするのかという問いであり、第二は特殊的になぜ神はこの者を憐れみかの者をかたくなにしようとするのかという問いである。

第一の問いの理由は特定できるが、第二の問いの理由は単に神の意志という以外にはない。このことの例は人間的な事柄において明らかである。すなわちもし家を建てようとする人が、互いに類似し同等の多くの石を集めて持っている場合、目的よりしてなぜある石を最も高いところに、ある石を最も低いところに置くかの理由は特定することができる。というのも、作ることが意図する家の完成のために、最も低いところに石を持つ土台や最も高いところに石を持つ壁の頂上が必要とされるからである。しかしなぜこの石を最も高いところに、かの石を最も低いところに置くかに関しては、職人がそう欲したということ以外の理由はない(13)。

トマスは第二の問いに対してただ神の意志と答えるが、この問いを追求する者に対して聖書に「造られたものが造った者に『なぜ私をこのように造ったのか』と言えるだろうか。陶工は同じ粘土から、一つを貴いことのための器に、一つを貴くないことのための器に造る権限があるのではないか」と言われている箇所に関して次のような解釈を提示する。

もしある職人が安い材料から美しく貴い働きに適した器を作るならば、その全体は職人の善性に帰せられる。たとえば彼が粘土から貴い食卓にふさわしい皿や壺を作る場合がそうである。しかしもし職人がたとえば粘土のような安い材料からたとえば台所やそのような任務のような卑しい使用に適した器を作るとしても、器は仮に理性を持っているとして、不平を言うことはできないだろう。すなわち不平を言うことができるとすれば、それは職人の働きに提供されているたとえば金や宝石のような高価な材料から、卑しい任務に割り当てられた器を職人が作る場合であろう。しかるに「神は人間を地の塵から作る」（創二・七）と言われているように、人間本性はその質料から卑しさを有しているが、より大きな卑しさを罪の腐敗から有しているのであって、この腐敗は一人の人間によってこの世に入り込んだものである。それゆえ人間は正当に泥に比せられるのであって、「私は泥と等しくなり、塵芥と似たものになった」（ヨブ三〇・一九）と言われている。それゆえ人間が有するいかなる善も第一次的に働くものとしての神の善性に帰せられなければならない。「しかし主よ、あなたは父。われわれは粘土、あなたはわれわれの陶工。われわれは皆あなたの手の業」（イザ六四・八）と言われている。しかしもし神が人間をより善きものへ前進させることなく、その弱さのうちに彼を放っておき、最も低い使用に彼を割り当てるとしても、神は人間が不平を言うことができるいかなる不正も人間に行ってはいない(14)。……同様に神は人類の腐敗した同じ質料から、いわばある種の粘土から、いかなる者にも不正を行うことなく、ある人々を栄光へと準備された人々とし、ある人々を不幸のうちに見捨てる自由な権限を有している(15)。

以上が第二の問い、すなわちなぜ神はこの者を憐れみかの者をかたくなにするのかに対するトマスの解答である。原罪を担う人間は皆その腐敗した本性のため自らよりしては悪や無という否定性をしか結果することができない。そのかぎりで人間はそのまま泥や塵に他ならないのである。善を生ぜしめる力を有するのはただ神のみであって、恩恵により善き人間となった者は自らではなく神を誇り、神にその善性を帰さねばならない。このように人間は根本的に悲惨であり、虚無性のうちに置かれている弱い存在である(16)。われわれは本性の腐敗やその虚無性のために神を必要とするのであり、かかる神的権威に対するわれわれの精神的態度は絶対的服従をもって当然となすべきである。われわれはあたかも粘土のようなものであり、神という陶工によって貴い使用と卑しい使用とに振り分けられる。もしわれわれがここでかかる役割からの自由を主張するとすれば、それは人間を神に優越する存在として立てる傲慢であり、神によって造られてあるという条件を理解しない態度である。むしろ真の自由は神に対し人格的に従うことのうちに現れてくるものであり、それは神がわれわれの魂よりも高次に存在するからである。つまりここで神の予定に従うことは盲目的屈従や道徳的欠陥を含むものではなく、むしろ原罪や被造性といった人間本性の洞察よりする合理的結論であって、優れて人格的行為に属するものである。したがってこの特殊的に考えられた神の予定に対して、われわれは不平を言うことはできず、それを喜んで受け入れるよう努めねばならない。さらにトマスは第一の問い、すなわちなぜ神はある者を憐れみある者を見捨てるのかに対して次のように答えている。

すべての神的業の目的は神の善性の明示（manifestatio）であって、「主はご自身のためにすべてを働く」（箴一六・四）と言われている。それゆえ「神の目に見えない力は造られたものによって明らかに認められる」（ロマ一・二〇）と言われている。

しかるに神の善性の卓越性はきわめて大きいので、一つの仕方でまた一つの被造物において十分に明示されることはできない。それゆえ神は様々な被造物を造り、それらにおいて様々な仕方で明示されるのである。しかしそれは主として理性的被造物においてであり、神が彼らの過失のために罰する者に関しては神の正義（justitia）が、神がその恩恵によって自由にする者においては神の憐れみ（misericordia）が明示される。それゆえ両者が人間のうちで明示されるために、神はある者を憐れみ深く自由にしたが、すべての者をそうするのではないのである。(17)

トマスによれば、神はそのすべての業において自らの善性を明示しているのであるが、神の善性はきわめて大きいため、様々な被造物において様々な仕方でなされる。とりわけ理性的被造物である人間において神の善性は明示されるのであり、すなわち神は人間に恩恵を注ぎ入れ神的本性を分有させることで神の憐れみを、恩恵を与えず原罪のうちに留め置くことによって神の正義をそれぞれ示すのである。恩恵によって原罪の腐敗から救済されることはまさに神の憐れみの業であって、神は土にすぎないわれわれ人間を憐れみの器にまで高められるのである。ここに神を受け容れるものであるわれわれ人間の尊厳が明らかとなるのであり、上で述べた人間の悲惨と並んで、神にかたどって造られてあるという人間の根本条件が述べられている。われわれは神の像を自らのうちで完成せんとする努力を通じて、虚無から解放せんとする神の憐れみ、神の明示に選ばれた光栄を知るのである。この一般的意味における神の予定の根拠は、上の特殊的意味におけるそれに比して、人間の高貴さを強調するものであって、ここで理性的被造物たる人間は神の憐れみや正義が明らかとなる「器」として描かれている。このかぎりで、上で述べた人間による神の必要と並んで、神による人間の必要が示唆されるのであり、両者は互いに交流しながら互いを明らかにし、輝く神の国を作り上げるのである(18)。

結　語

以上から明らかなように、『ロマ書註解』における神の予定についてのトマスの考えは徹底的に神の側からの考察である。神の予定の根拠は出生や功徳にではなく、ただ神の意志に存する。人間の救済に関して、神は自らが憐れもうとする者を憐れむのであって、そのかぎりで神の意志がすべてである。このことは恩恵とその使用ないし自然物の形相とその働きにおける神の支配によって哲学的に説明されるのであり、すなわち神はすべての運動の根源として一次的に働くものであり、その力のうちですべてのものは自らの働きを発揮するのである。意志することや努力することはわれわれ人間にではなく、一次的に働くものとしての神に属するのであり、それはわれわれの側からの恩恵への準備が必要とされないかのごとくに本質的なものである。われわれの自由意志はある内的衝動により神によって善ないし悪へと動かされるが、神はわれわれを直接的に善へと促す一方、悪へと向かわしめるのは機会的にである。悪は人間が自らの意志によって神から離反しその状態で内的にまた外的に時間的な事物に関わるときに生じ、そのかぎりで悪の原因は神にではなくわれわれの転倒せる意志にこそある。善人の選びと悪人の拒絶に関して、特殊的に神がなぜこの者を憐れみかの者をかたくなにするのかという問いに対しては、それはすべての人間を然るべき位置に配置する神の計画のゆえと答えられる。人間は原罪によって腐敗した本性を有し、ここに人間の悲惨が明らかとなる。われわれはこの腐敗を取り除くものとして神を必要とするのであり、神に対し人格的に従うことのうちに生きるのである。一般的になぜ神はある者を憐れみある者をかたくなにするのかという問いに対しては、神は自らの善性を明示するため様々な被造物を造り動かすが、とりわけ理性的被造物たる人間を愛するのであって、その愛はある者を憐れみの器、ある者を怒りの器とし、そこに自らの憐れみと正義を明示するほどのものであると答えられる。われわれは神を受け容れるものとしてその栄光を映すべき高貴なる存在であり、魂と神との交わりのうちに神の国を追求すべく造られたのである。

註

（1） Cf. *S. T.*, I, 21-23.

（2） *Ad Romanos*, n. 758.

（3） ここでマニ教徒は、人間に起こる多様な事柄を出生に帰し、その結果すべての人の生と死はその下に生まれた星座によって規定されるとするが、この「運命」という考え方は、人間から自由意志による行為を取り去り、その身体と霊魂を天の道具に変え、人間の行為に関する善悪の判断を無効にし、神の摂理を否定する結果となる。このことについて、クリソストムスは、キリスト教信仰の立場から以下のように述べている。「それゆえもし人が星によって姦淫や殺人を犯すならば、かの星々の罪は大きく、ましてそれらを造った者の罪はより大きいのである。というのも神は未来のことを予知しており、星々によって未来の多くの不正が生じるのだから、もし神が人間にそれを与えようとするならば、神は善き者ではなく、もし神が人間にそれを与えようと欲しなければ、それをなし得ないこととなり、神は全能ではなくなる。さらに、もしわれわれが悪あるいは善であることが星々に属するとすれば、われわれの善は賞賛されるべきではなく、われわれの悪も非難されるべきではなくなるのであるが、それはわれわれのうちに意志的な行為がないからである。というのも私は、意志ではなく必然性によって犯した自らの悪に対する罰を、どうして受けなければならないのだろうか。結局のところ、罪を犯してはならないという神の掟と、善をなすべきであるという励ましそのものが、この愚かさを破壊しているのである。というのもいったい誰が、人に、避けることのできない悪を為さないこと、また到達することのできない善を為すことを命じるだろうか」

またニュッサのグレゴリウスは次のように述べている。「運命にしたがって存在しているすべての人々にとって、祈りは愚かなものである。敬虔と共にある神の摂理もまた追放されるのであり、これらの者のもとでは、人間も天の円環運動の道具として見出されるのみである。すなわち彼らの言うところによると、この運動によって働きへと動かされるのは、身体の部分のみではなく、霊魂の思考もまたそうなのである。また一般的に、このように言う者は、われわれのうちにあるものと、生起するものの本性を破壊している。したがってこれは、すべてのものを崩壊させること以外の何ものでもないのである。またどこに自由意志の余地があるのだろうか。というのもわれわれのうちにあるところのものは自由でなければならないからである」（*Ibid.*）

さらにこの「運命」という考え方が誤りであることを、アウグスティヌスは次のような仕方で説明している。「もし彼らが、星々はこれらのことを生ぜしめるのではなくむしろ表示するのだと言うならば、彼らがけっして次のことを説明できないのはなぜであろうか。すなわち双子の生涯において、行為、出来事、職業、働き、名誉、人間の生に属する残りの事柄、また死そのものにおいて、しばしば相違が見られるのはなぜであるかということを。むしろ異質の多くの者の方が、双子自身よりもいっそう似ているのであるが、双子は生まれる際、短い時の間隔によって隔てられるにせよ、性交による懐胎においては一なる瞬間において生じるのである……それゆえ彼らは〔この相違を〕、双子自身が生まれる時に有する短い時の間隔から証明しようとするが、双子の意志、行為、習慣、運命において、これほど大きな相違が見られるかぎり、それは有効ではないのである」(*Ibid.*)

（4）*Ad Romanos*, n. 772.

（5）*Ad Romanos*, n. 773.

（6）*Ad Romanos*, n. 777.

（7）*Ad Romanos*, n. 778.

（8）この神の恩恵の人間の生に対する影響について、Matthew Levering は次のように述べている。「アクィナスが述べるように、人々が善く行為しキリストを信じるとき、彼らがそうするのは神の霊によって導かれているかぎりにおいてである。したがって、予定は人間の生におけるあらゆる恩恵の働きに関係づけられるべきであり、人間の信仰ないし愛の最終的な報いのみに関係づけられることはできない……アクィナスが示すように、予定が単にすでに知られた功徳の最終的な報いにのみ関係するという見解は、恩恵がわれわれの功徳のゆえに与えられるということ、ならびにわれわれの善き行いの源泉はわれわれに由来し、その完成が神に由来するということの両方を意味するだろう。アクィナスは、このように、この見解に反対するが、それは単にそのペラギウス主義のためだけでなく、永遠よりするわれわれの救済のための三位一体の業についての歪曲された見解のためでもある。予定が含むのは、それによって人間が栄光という完成に至るすべての道程に他ならない」。Cf. Matthew Levering, *Aquinas on Romans 8 Predestination in Context* in: Michael Dauphinais, Matthew Levering (ed.), *Reading Romans with St. Thomas Aquinas*, Catholic University of America Press, 2012, p. 210.

（9）Cf. *Ad Romanos*, n. 776.

（10）*Ad Romanos*, n. 781.

（11）*Ad Romanos*, n. 784.

（12）悪の起源について、アウグスティヌスは次のように述べている。「あたかも悪い木からその実が生じるように、悪い意志からすべての悪い業は生じる。ちょうどそのように、あなたは悪い意志そのものはどこに由来するのかと言うだろう。天使の悪い意志は天使から、人間のそれは人間から生じる以外には考えられないのである。しかし、これら二つの実体は、そのうちにこれらの悪が生じる以前には、神の善き業、善き誉れ高き本性に他ならない。それゆえ、見よ、悪が善から生じている。そこから悪が生じるものは善以外にはまったくなかったからである。しかし、私はこの悪の起源を悪い意志と呼ぶ。というのも、悪い意志にはいかなる悪も悪い業も先行しないからである。なぜなら、悪い業はあたかも悪い木のような悪い意志からのみ生じるからである。それゆえ、善から悪い意志が生じることはありえない。というのも、善は善き者である神に由来するが、悪は神ではなく無に由来するからである」(*Catena aurea, In Matth.*, 7. 17-18)。悪は神ではなく人間の悪い意志から生じるのであり、あえてその起源を求めるとすればそれは無である。

(13) *Ad Romanos*, n. 788.

(14) *Ad Romanos*, n. 790.

(15) *Ad Romanos*, n. 791.

(16) クリソストムスは、「暗闇に住む民は大きな光を見、死の陰の地に住む者に光が射し込んだ」(マタ四・一六)の解釈において、闇である人間と光である神の関係を以下のように説明している。「あなたが可感的な光や闇が述べられているのではないことを知るために、光について大きな光と言われ、それは他の箇所では真の光と言われている。またイザヤは闇を解釈して死の陰と呼んでいる。ここから明らかになることは、光を求める者が見出すのではなく、神が彼らに現れるということであり、光が生じ射し込んだと言われている。というのも先に彼らが光へとやって来たのではないからである。なぜならキリストの現存以前には、人間は究極の悲惨のうちに置かれているからであり、彼らは闇のうちを歩んでいるのではなく、そのうちに座っているからである。このことは彼らが解放されることを望んでいないことのしるしである。ちょうどどこにむかって進み出るべきか知らない者のように、彼らは闇に囲まれて座っているのであり、もはや立ち上がることができないでいる。イザヤはここで誤りと不敬虔を指して闇と呼んでいる」(*Catena aurea, In Matth.*, 4, 16)。ここで、人間は闇のうちを歩んでいるのではなくそのうちに座っていると言われ、罪から解放されることを望みすらしない人間の原罪の深さが示されている。

(17) *Ad Romanos*, n. 792.

(18) 人間による神の必要と神による人間の必要について、「天におられるわたしたちの父よ、御名が崇められますように、御国が来ますように、御心が行われますように」(マタ六・九―一〇)という聖句の解釈において、クリソストムスは次のように述べている。「また、注意深く語られていることに注目すべきである。というのも、『父よ、御名をわれわれにおいて聖なるものとし、御国をわれわれの上にもたらし、われわれにおいてその御心を行ってください』とは言われておらず、さらに、『われわれは御名を聖なるものとし、御国を受けとり、御心を行います』とも言われていない。それは、このことがあるいは神のみに、あるいは人間のみに属すると思われないためである。そうではなく、このことは中間的な仕方で非人称的な仕方で言われている。なぜなら、ちょうど人間が神の助けなくして善を為すことができないように、神もまた人間の意志なくして人間のうちに善を生ぜしめることはできないからである」（*Catena aurea, In Matth.*, 6. 10）。

V 『ヨブ記註解』における神の摂理について

序

神の摂理とは何であるのか。私はこの問いに対し、『ヨブ記註解』における様々な議論より神の摂理の具体的諸相を取り出し、それらを再構成することで答えたいと思う。そこでは、まず神の摂理に関する古来以来の見解が整理され、人間と究極目的の関係、生の逆境、神の知恵、神の義などが考察され、人間の魂の不滅から将来の生に至るまでが論じられることになる。神の摂理は人間の生全体に及ぶからである。このような仕方で摂理を論じることは、『神学大全』や『対異教徒大全』には見られないものであり、神の摂理に関するトマスの全体的見解を知るうえで重要なものとなるだろう。

本論に入る前にここで「ヨブ記」の内容について簡単に説明したい。「ヨブ記」はまったくの義人であるヨブという男が苦難を通じて神によりその信仰を試される物語である。絶え間ない苦しみの中でヨブは三人の友人たちと神の正しさについて議論する。現在の不幸はヨブが犯した罪の報いであるという友人たちの主張に対し、ヨブは断じて自らの潔白を譲らない。次いでエリフが人の知恵の愚かさ神の摂理の偉大さを強調し、ヨブに対し神への信仰を促す。最後に神が登場しヨブに神の正しさを啓示する。神に従うことでヨブは繁栄を手に入れる。

1　様々な見解

トマスは序文において神の摂理（providentia）に関する様々な見解を提示している。(1) すなわち質料因のみを措定する古代の自然学者たちは、世界は偶然（casus）によって作られたとし自然界に生ずることを偶然に帰した。後の哲学者たちは明白な証拠と根拠によって自然物が摂理によって導かれていることを示した。というのも天と星の運動や自然の他の働きにおいて確かな運行が見られるが、これはこれらすべてがある卓越した知性によって秩序づけられ支配されているのでなければ起こりえないからである。

このように自然物が偶然によってではなく摂理によって導かれていることが確認されたが、人間の行為については多くの人々に疑いがあった。というのも人間の出来事においてはいかなる確実な秩序も見出しえないのであって、すなわち常に善人に善が悪人に悪が起こるのでも、常に善人に悪が悪人に善が起こるのでもなく、善人と悪人に無差別に善と悪が起こるからである。このような事態は人々をして人間的な事柄が神的摂理によって支配されていないと主張せしめるに十分であって、ある人々はそれらが偶然に生ずるとし、ある人々は人間の出来事を天の運命に帰した。

このような見解に対し、ヨブとその友人たちは人間的な事柄が神の摂理によって導かれていることを認める。というのも神の摂理を否定するような見解は人類にとって有害だからであり、すなわち神の摂理が取り除かれれば、人間たちのもとにいかなる神への崇敬も恐れも残らず、そこから徳に対する怠慢や悪徳に対する傾向性が結果するからである。

しかしヨブの友人たちは、たしかに自然物のみならず人間的な事柄もまた神的摂理のもとにある点でヨブと一致しているが、人間が働いた善に対して地上的繁栄でもって神から報いを受け、また悪に対して現世的逆境でもって神から罰せられる――あたかも時間的善が徳の報いであり、時間的悪が罪に対する固有の罰であるというように――と考える点でヨブとは異なっている。ヨブはこの見解には属さず、人間の善き業はこの世の後の将来の霊的報い（remuneratio spiritualis）に秩序づけられており、また同様に罪は将来の罰によって罰せられるべきであると信じている。(2)

2　至福の問題

以上よりして、世界は偶然によって支配されているのではなく、自然物のみならず人間的な事柄もまた神の摂理のもとにあり、さらに人間の善き業と悪しき業とに対する神からの報いは現世的繁栄や逆境によるのではなく、将来的なものであることが示された。ここで最後に述べられたヨブと友人たちとの間の相違に関して、「地上の人の生は兵役のようなもの、その一日は日雇い労働者の一日のようなもの」（ヨブ七・一）についてのトマスの註解に即してさらに詳しく検討したい。

エリファズは上で、幸いなるヨブを絶望から引き離そうとして、もしヨブが主の矯正を非難しないのなら、ある種の地上的幸せ（beatitudo terrena）を彼に約束した。それゆえ幸いなるヨブは自身の悲しみの合理的理由を示した後、さらにエリファズの地上的幸せの約束という前述の慰めが不適切であることを示そうとする。そしてヨブはこのことを示すのに、第一に現在の生の状況よりして、第二に自身に固有な状況よりして行う。しかるに現在の生の状況をめぐっては人々により様々な見解があった。ある者たちはこの地上の生に最終的な幸せがあるとしたが、エリファズの言明はこの見解にしたがっていると思われる。というのも人が善あるいは悪に対する最終的な報いを期待するところ、そこにこそ人間の究極目的（ultimus finis）があるからである。それゆえもしこの地上の生において人が神からその善行あるいは悪行に対して報いを受けるとすれば、そこから帰結するのは、エリファズが確証しようと努めたように、この地上の生に人間の究極目的があるということだと思われる。しかしながらヨブはこの見解を非難しようと意図し次のことを示そうとする。人間の地上の生はそれ自体のうちに究極目的をもたない、それは究極目的に対して、ちょうど運動が休息に、道が終局に対する関係にある。それゆえヨブは地上の生を、何らかの目的へと向かう人々の状況、すなわち戦うことによって勝利へと向かう兵士たちの状況に比しているのである。そしてこれが「地上における人の生は兵役にあるようなもの」と言われていることの意味であり、それはまるで次のことを言わんとするかのようである。われわれが地上で生きている現在の生は、勝利の状態ではなく兵役の状態のようなものである。さらにヨブは地上の生を日雇い労働者の状況に比している。そしてこれが「その――すなわち地上に生きる人間の――一日は日雇い労働者の一日のようなもの」と付加されていることの意味である。しかるにヨブが現在の生をこれら二つの状況に比しているのは、現在の生において人間に課せられる二つのもののゆえにである。すなわち〔現在の生は〕障害となるものや有害なものに抵抗するかぎりで兵役に比せられているのであり、有益なことを目的のためになすかぎりで日雇い労働者に比せられているのである。しかしながら両者の例よりして現在の生が神の摂理（divina providentia）のもとにあることが理解される。というのも兵士たちは指導者のもとで戦うのであり、日雇い労働者は主人から賃金を期待するからである。さらにこれら二つの例において、エリファズが弁護した見解が誤りであることが十分明らかになる。というのも兵隊の指導者は、強力な兵士たちを危険や労苦からまぬがれさせることはせず、兵役の特質が要求するところにしたがって時折彼らを大きな労苦や危険にさらすが、勝利が獲得されればよりいっそう強力な者たちとしてたくさんの栄誉を与えるからである。このように家長もまた、優れた日雇い労働者たちに大きな労苦を委託するが、報酬の時には彼らに多くの贈物を与えるからである。それゆえ神の摂理もまた、善き人々から逆境や現在の生の労苦を取り除くのではなく、最後には彼らに多くの報いを与えるのである(3)。

上で述べたようにヨブと友人たちとの神の摂理に関する考え方の相違は、善行と悪行の報いが期待される究極目的を将来の生に置くかそれとも地上の生に置くかにある。ヨブによると、人間はこの世のうちにではなく将来の生のうちに究極目的を有するのであり、この世の生はそれに向かう運動や道のようなものである(4)。さらにこの世に生きる人間を兵士や日雇い労働者に比し、神をその指導者や主人としてその仕組みを説明している。この世の生は将来の勝利のために障害に抵抗するかぎりで兵役のようなものであり、将来の報酬のために有益なことを為すかぎりで日雇い労働者のようなものであり、彼らは将来の生において指導者や主人であるところの神からたくさんの栄誉や贈物を受け取るのである。

さらにこの問題に関連して、この地上において究極目的を求めることが不合理であることを論理的に示すため、『神学大全』第二部の一第五問三項「人はこの世の生において至福でありうるか」を参照したい。

何らかの至福の分有はこの世の生において持つことができるが、完全で真なる至福はこの世の生において持つことはできない。そしてこのことは二つの仕方で考察することができる。第一は至福の共通的な意味そのものによるものである。すなわち至福は完全で充足的な善であるから、すべての悪を追い出しすべての願望を充たす。しかしながら人はこの世の生においてすべての悪を追い出すことができない。というのも現在の生は避けることのできない多くの悪のもとにあるからである。知性の側からは無知が、欲求の側からは愛情の無秩序が、身体の側からは多様な罪がそれにあたる……同様に人は善への願望もまた、この世の生において満足させることはできない。すなわち人は自然本性的に自らのもつ善を永続的に保持することを願うが、現在の生における善は一時的なものである。というのもわれわれが自然本性的にそれを願うところの生命そのものもまた移ろいゆくからである……それゆえ人はこの世の生において真の至福をもつことはできない。第二にそこにおいて特に至福が成立するところの神の本質直観を考えてみても、第一部に示したとおり、それが人間にこの世の生において生ずることはありえない。これらよりして人がこの世の生において真で完全な至福を獲得することはできないことは明らかである。(5)

ここでトマスは至福の内容に関する詳細な議論は行っていないが、至福を一般的に「すべての悪を追い出しすべての願望を充たす完全な善」と定義している。そしてこの世においては悪が完全に排除されることも善への願望が残りなく充たされることもないことを示し、完全な至福がこの世の生のうちにはないことを明らかにしている。結局ヨブと友人たちとの神の摂理に関する見解の相違は、究極目的や至福についての考え方の相違に由来するものであり、ヨブは人間の至福を将来の生に置き地上を戦いの生として捉えているのに対し、友人たちは地上的な幸福に究極目的を置きそのように神に関わっていると言える。

3　神に依り頼む

それでは将来の生のためにこの世において戦う人間は、この世の悪や艱難にどのように立ち向かうべきなのか。上からの関連においてトマスによると、「人間精神はその目的を地上的な事物に置いているかぎり地上的逆境によって圧迫されるが、それらから自らの愛を呼び戻し（revocare）神を愛し始めるとき、たしかに逆境において悲しむにしても圧迫されることはない。というのも自らの希望をこの世のうちに有していないからである。さらに人間が完全にこの世を軽蔑するとき地上的な逆境が彼に触れることはほとんどない(6)」。「もしある人が感覚的部分にしたがって悲しみを被ったとしても、理性が神的意志に自らを一致させる（conformare）ならば、それは忍耐がないという欠陥ではない……恩恵によって堅固にされた自由意志を有する人々においてのように、いかなる仕方においても打ち負かされないほどの理性の強さ（fortitudo rationis）が自らにあったならば、〔恐れは取り除かれる〕(7)」。

これらの言明は、現世的逆境において人間精神ないし理性が身体的諸条件を超越し、神への愛によってこの世の生を相対化できることを示唆している。われわれ人間は地上的事物や身体的感覚に仕える者ではなく、むしろそれらを理性によって統制し、自己自身へと立ち帰り、神との一致へと向かいうる存在である。これを一般化して神と地上的事物の間に置かれた人間の条件として次のようにも説明することができる。「というのも人間は、精神において神に依り頼み肉において地上的事物に結ばれているかぎりで、神と地上的事物の間にいわば中間にあるものとして造られたからである。しかるに二つのものの中間物はすべて、一つの極から遠ざかれば遠ざかるほどもう一つの極に近づく。それゆえ人間は神に依り頼めば依り頼むほど、地から遠ざかるのである。精神において神に依り頼むことは神の奴隷（servus Dei）であることであるが、それは自己原因でないところの者が奴隷だからである。精神において神に依り頼む者が、恐れではなく愛の奴隷として、自ら自身を神へと秩序づけるのである」[8]。ここでは神と地との間に造られてあるという人間の条件が述べられており、人間は愛の奴隷として自らの精神を神へと固着させるとき、地上的事物から引き離され、神への秩序を有することになる。神によって造られた人間精神は、地上的事物よりも神をその追求の本質的対象として持つのであり、神に対し自らを従属させることで人間精神はその本来的地位を見出すのである。

さらにこれらの言明に関連して虚しさについては次のように言われている。「しかるに然るべき目的によって堅固にされていないがゆえに不安定なものが虚しい（vanus）と言われる習わしである。それゆえ人間の虚しさは、その心がただそれによってのみ堅固にされる真理のうちに固定されていないことから生じる。また真理から遠ざかることから不正が生じるのである」[9]。われわれは精神において真理である神に固着していないとき虚しさを被り、そこから不正を行ってしまうのである。われわれは原罪によって腐敗した本性を有しており、その精神は地上性や感覚性によって低められ散らされている。それゆえわれわれは真理に対してたえず自己を開き、神に向かって精神をとりまとめ、虚しさを克服しなくてはならないのである。

4　神の知恵

上に述べたような仕方で逆境において神の意志に自らの意志を一致させようと努める者は、神の意志あるいは知恵についての考察へと導かれるだろう。トマスは「もし神が私のところに来ても私は見ないだろう、もし神が去っても私は気づかないだろう」（ヨブ九・一一）に関する註解において、神の知恵の深さを次のように説明している。トマスによると、人間的な事柄の指導者には三つのこと、すなわち第一にその従属者たちに義の掟と他の好意を配分すること、第二に従属者の行為を吟味すること、第三に咎められるべき人々を罰することが属し、この三つの点において神の知恵の深さが明らかになるとしているが、ここでは第一の点に関して考察したい。

第一に、神がその従属者たちに自身の好意を配慮する（providere）仕方は非常に深く精妙であるため、それを受け取るものにすら把握できないからである。そしてこのことが「もし神が私のところに来ても私は見ないだろう、もし神が去っても私は気づかないだろう」と言われていることの意味である。この際考察されるべきことは以下のことである。聖書において神が人間のもとに来る（venire）と言われるのは、神が彼にその好意を与えるときであって、このことは彼の知性を照明したり、愛を燃え立たしめたり、いかなる仕方であれ彼に親切にすることによってなされるのである。それゆえ「われらの神が来てわれわれを救うだろう」（イザ三五・四）と言われている。反対に神が人間から離れる（recedere）と言われるのは、神が彼からその好意ないし保護を引き抜くときであって、「主よ、どうして遠く離れ目をそらすのか。順境においても逆境においても」（詩九・二二）と言われている。しかるに時として、神がある人々の救済を配慮して彼らに艱難ないし何らかの精神的欠陥すら生じることを許すということが起こる。ちょうど「神を愛する人々にはすべてのことが善へと共働する」（ロマ八・二八）と言われているように。それゆえこのような仕方で、神は人間の救済を配慮することによって彼のもとへと来るが、人間はその好意に気づかないので神を見ない（non videre）のである。反対に神は多くの人々から彼らの破滅へと傾ける明らかな好意を取り去らないのであって、それゆえ神は、人間が神が離れることに気づかないような仕方で、彼から離れるのである。それゆえこのようにして、その好意の配分において神の知恵の深さは明らかである。(10)

以上から明らかなように、神が人間に好意を配慮する仕方はあまりに深く精妙であるため、人間がその仕組みを把握することはできないのである。(11) 神が来るというのは好意を与えることや見守ることであって、離れるというのは好意や保護を引き抜くことである。時として神は、人間の救済を考慮して艱難ないし精神的欠陥すらをも生ぜしめるが、(12) しかし神を愛する者はこれらの否定的契機を善へと利用するのである。このようにして逆境や艱難のため神から見捨てられたと思う人に神は近接していることがあり、反対に破滅の原因となる時間的善に満たされ神から好意を受けていると思う人が実は神から見捨てられているということがある。神の好意は救済への秩序にしたがって考察されるべきであり、神を愛しその意志や知恵に自らを一致させようとする者はたとえ逆境のうちでも神を見るように努めるべきであって、順境において神を忘れることは破滅に至ることである。

5　神の義

しかし順境においても逆境においても神を知り愛そうとする者は、その人格的交わりにおいて神から知られ愛されることを求めるだろう。この神の目はまさに彼のすべてに及ぶものであって、とりわけ不滅であるところの魂に注がれるものである。トマスは「あなたは私に足かせをはめ、私のすべての小道を見、私の足跡を熟慮される」(ヨブ一三・二七)に関する註解において、神の義が人間の行為をことごとく支配していることを次のように説明している。

囚人の足かせのうちに置かれた人々は、足かせから離れることができないように縛られる。しかるにちょうど人間の足が足かせによって拘束されるように、人間の歩みはそこから離れることが許されない神の義の法

(lex divinae justitiae) によって拘束される。そしてこのことが「あなたは私に足かせをはめ」と言われていることの意味である。しかるに神の義には人間の行いを調べることが属するが、神は人が何を為すかのみならず、いかなる心でいかなる目的において為すかをも調べられる。それゆえ行いに関して「私のすべての小道を見」と言われ、行為者の心情ないし行為を取りまくあらゆる状況についてもまた「私の足跡を熟慮される」と言われているのである。しかるにもし〔人間が〕身体の死によって存在することを完全にやめるなら、神が人間の行為についてこれほどの慎重さを有していることは不合理に思われる。[13]

神の目は、それが自然的世界に起こるものであれ意志的世界に起こるものであれ、人間のすべての行為に及ぶものである。さらに神はその行為が行われる意図[14]、またその行為が起こる状況をも隈なく調べられる。このように厳格な神の義の法によってわれわれは拘束されており、最小の罪や怠慢に対してすらも神は罰を与えるのである。ともすれば強制であり不自由を作り出すとも考えられるこの神の束縛や監視は、神を愛する者にとって必要であり、彼はこの神の義との関係のうちですべての行為を決定し行うのである。われわれは外的にわれわれを規定する諸条件よりもこの神の義に対しそれを遵守する責任を持つのであり、われわれの為す選択や決定は魂と霊との交わりのうちで内的になされなければならないのである。

6 魂の不滅

次いで上の引用部分の最後に示唆された魂の不滅に関してトマスは次のように言っている。「しかし人間はたとえ身体にしたがって滅びるとしても、物体的なもののすべての類を超越する魂にしたがって不滅なもの

(incorruptibilis) として存続するのであって、その結果このようにして回復の希望 (spes reparationis) が残るのである」[15]。この魂の不滅は、われわれの究極目的が将来の生にこそあるとするヨブの見解を理解するうえで、さらに現世的繁栄や逆境を相対化し神をのみ知り愛そうとする人間にとって、きわめて重要な考え方となるであろう。トマスは「あなたは彼を永遠に過ぎ行くためにわずかの間強めたのか。あなたは彼の顔を変え追い払うのか」(ヨブ一四・二〇) についての註解において、この魂の不滅性を人間の二つの固有性から明らかにしている。

人間は二つの点においてより下級なるすべての被造物より優れているが、そのうちの一つは作用的力 (virtus operativa) である。というのも人間は自由意志によって自らの働きの主人であり、このことはいかなる他の物体的被造物にも適合しないのである。このことにしたがって人間はいかなる物体的被造物よりも強力なのであって、それゆえ他のものを自分自身のために用いるのである。人間が優れているもう一つの点は知性的認識 (cognitio intellectiva) であり、これは精神のうちにある……。そしてこの二点から、人間が他のもののように永遠に存在しないという仕方で滅びることはないことが明らかである。それゆえこれらの第一の点に関して、「あなたは彼を永遠に過ぎ行くためにわずかの間強めたのか」と言われているのであり、あたかも次のことを言わんとするかのようである。人間はその後永遠に存在しないにもかかわらず、あなたがこれほどの力を彼にわずかな時間与えたということは不適切である。というのも、もしある人がわずかの時間それを使用しその後それをまったく放棄するために、最も強力な道具を作ったとすれば、それは愚かなことだからである。しかるにいかなる物体的被造物の力も限定された結果に決定されているが、自由意志の力は無限の働きに関係している。それゆえこのこと自体が魂の力に関して無限に存続することを証明している。しかるに第二の点、すなわち知性に関しては、「あなたは彼の顔を変え追い払うのか」と言われており、あたかも次のことを言わんとするかのようである。あなたが人間の顔を変え、すなわち他の動物から異なったものとしながら、他の動物と同じく永遠に戻ってこないように生命の状態から追い払うことは不適切である。しかるにそれが理性的被造物に固有のことであるがゆえに、顔によって知性的認識が理解される習わしである。しかるに哲学者が証明しているように、知性的認識は滅びることのない実体にのみ適合することが可能である(16)。

以上から明らかなように、トマスは第一に自由意志の作用的力によって、第二に知性的認識によって、人間の魂が不滅であることを証明している。すなわち人間の自由意志の力は無限の働きに関係しているものであって、それほど強力なものがわずかの時間の後に滅びることになるとすれば、それを作った者は愚かだからである。さらに人間は他の動物とは異なって知性的認識を有するのであり、知性的認識は不可滅の実体にのみ適合するからである。われわれは身体にしたがっては滅びるにしても、魂においてはその自由意志と知性的認識の力によって不滅であり、ここに人間の魂の偉大さを確認することができる。

7 将来の生

以上の考察から明らかなように、われわれは神を愛する者としてこの世の生を戦いのうちに送り、精神において神に固着することで艱難や悪を破壊し、逆境のうちにも神の救済の意志を見ようと努めた。また魂における神の義との関係を本質的なものとして堅持し、自由意志や知性的認識の力のうちに魂の不滅を確認した。われわれの魂は不滅であり、われわれはこの世の生ののち将来の生において善き業の報いないし悪しき業の罰を受ける。神の摂理の究極はこの将来の生にあるのであって、地上における愛や恩恵は神の栄光に向かって秩序づけられているのである。この将来の生ないし復活に関して、トマスは「あなたの手の業に右手を伸ばしてください」（ヨブ一四・一五）、ないし「私は私を贖う方が生きていることを知っている」（ヨブ一九・二五）についての註解で次のように述べている。

死者たちは神の命令に対して生命へと起き上がるのみならず、あるより高き状態へと変えられるのであって、このことは神の力によって起こるのである。それゆえ「あなたの手の業に右手を伸ばしてください」と続けられているのであり、あたかも次のことを言わんとするかのようである。復活した人間は自然の業ではなく、あなたの力の業であろう。その業にあなたの助ける右手を伸ばすとは、あなたの恩恵の助けによって新しい栄光へと高められる（in gloriam novitatis exaltabitur）かぎりにおいて言われるのである。[17]

しかるに神性の生命から（ex vita divinitatis）、人間性もまた復活することによって生命へと用意されたのであって、それは「というのもキリストはわれわれの弱さよりして十字架につけられたが、神の力によって生きているのである」（Ⅱコリ一三・四）と言われていることによっている。そして復活するキリストの生命は、共通の復活においてすべての人間へ押し広げられる（ad omnes homines diffundetur）のであって、それゆえ同じ箇所において使徒は、「すなわちわれわれもまたキリストにおいて弱い者であるが、われわれにおける神の力によってキリストにおいて生きている」と付加しているのである。ここからして主もまた、「死者たちは神の子の声を聞くであろう。そして聞いた者は生きるであろう。というのも父は自分自身のうちに生命を持っているように、子にもまた自分自身のうちに生命を持つようになさったからである」（ヨハ五・二五）と言っている。それゆえ人間の復活の最初の原因（primordialis causa）は神の子の生命であって、それはエビオン派の言うようにその始まりをマリアから取っているのではなく、常にあった（semper fuit）のであり、このことは「イエス・キリストは昨日も今日も世々にわたっておられる」（ヘブ一三・八）と言われていることによっている。そしてそれゆえヨブは明瞭に、「私を贖う方は生きるであろう（vivet）」とは言わず、「生きている」（vivit）と言っているのである。(18)

われわれは神に呼ばれることによって、もう一つの生の状態である栄光へと高められるのであって、このことはひとえに神の力によってなされる。われわれ人間の復活は、神の子の生命がすべての人間へと発散することによって起こるのであり、それは父なる神の内なる生命に等しいキリストの生命に由来することである。ヨブが「私を贖う方」（redemptor meus）と呼んだキリストは永遠に生きているのであり、われわれの復活はただひとりキリストにかかっていると言わねばならない。

この将来の生におけるキリストの生命ないし神の栄光こそが、その友人たちに対してヨブの強調してやまない善行の根拠ないし目的であり、地上的繁栄や時間的善の獲得はおろか、恩恵や愛という霊的賜物すらその不完全性ゆえに究極目的とはみなされないのである。この洞察は人間本性の真実をその霊的側面において見てとり、それを究極まで押し進めた結果開かれる人間理解あるいは人生観であり、文字通り「神がすべてにおいてすべて」となるような完全な生に到達する可能性をわれわれに提示するものである。「それゆえヨブは神の御前に存在し、神の業と裁きの理由（rationes divinorum operum et iudiciorum）を認識することを望んでいた。ここにおいて人間の幸福は成立し、その希望のうちに彼の慰めはあった」[19]。

結　語

神の摂理とは何であるのか。それは永遠の生命という究極的報いのために神がわれわれの生を様々な諸相で配慮していることであろう。また将来の生という観点を考慮に入れることで、この神の摂理の考え方は、ヨブの友人たちの主張する現世的な応報の論理ではない神の愛による選びとそれに応える純粋な信仰を含意することになる。神の愛は永遠にして偽りを含まないのであるから、われわれの救済は応報の論理を超えたところでまったき正しさをもって成就されると言えよう。

最後に神の摂理の問題について本論で考察したことを総括したい。われわれはこの世界が偶然によるのではなく、自然物のみならず人間的な事柄もまた神の摂理によって支配されていると考えた。またわれわれの至福が成立するのはこの世ではなく将来の生であって、そこにおいて栄誉や報酬を受けとるために、われわれはこの世において兵士のように障害を乗り越え、日雇い労働者のように有益なことを為さねばならない。われわれはこの世の悪や艱難を神に固着することによって乗り越え、その理性の力によって地上的事物を離れ、神の恩恵のうちで堅固にされることを必要とする。神を愛していながらもわれわれには神の知恵は測りがたく、それは深く精妙であるが、逆境や精神的欠陥のうちにも神の救済の意志が働いていることを信じなければならない。神の義はきわめて厳格にして足かせのように人間の行為をたえず監視しているが、われわれはその神の愛に応えるように、神の義との関係において自らの行為を選び行わなければならない。われわれは無限の働きへと開かれた自由意志の力と永遠なる善をも捉える知性的認識によって他の滅ぶべき被造物とは異なっており、それらによって示唆される魂の不滅を信じることで将来の生を希望することができる。神の呼び声によってわれわれは復活し、新しき栄光へと神の力によって高められるのであり、そこではいかなる攻撃もなく、ただ神の義のみが永遠に支配する。この将来の生においてわれわれの戦いは終わり、神と神のようになった自己を知り愛するという至福のうちで、神の摂理は完成されるのである。

註

（1） Cf. Thomas Aquinas, *Expositio super Iob ad litteram*, Leonine, vol. 26, 1965（以下、*Super Iob* と略記）, Prologus.

（2） Cf. *Super Iob*, 2, 11.

（3） *Super Iob*, 7, 1.

（4） この世の生がいわば道のようなものであり、その性格がどのようなものであるかについて、「狭い門から入りなさい。滅びに通じる門は広く、その道も広々として、そこから入る者が多い。しかし、命に通じる門はなんと狭く、その道も細いことか。それを見出すものは少ない」（マタ七・一三―一四）という聖句の解釈において、クリソストムスは次のように述べている。「後に、『わたしの軛は負いやすく、わたしの荷は軽い』と言われているにもかかわらず、どうしてここで道は狭いと言われているのであろうか。しかし、ここにおいてもまた、主は道が軽く甘美なものであることを示しているのである。というのも、ちょうど広いと言われていた他のものが道であり門であったように、これもまた道であり門だからである。これらのいずれも留まることはなく、すべては移行する。労苦と骨折りが移行し善き目的である生命へと至ることは、戦う人々にとって十分な慰めである。もしやがては滅びる報酬に対する希望のゆえに、嵐が水夫にとって、傷が戦士にとって軽いものとなるならば、天という不滅の報いが存在するとき、人は迫る危険のいかなるものをも感知しないだろう。また、道を狭いと言うこと自体が、とりわけその道を歩むことを容易にしてくれている。というのも、このことによって主はわれわれが常に目覚めているように忠告しているからであり、主はわれわれの願望を駆り立てるために道は狭いと言ったのである。戦う者は、指導者が戦いの労苦を賞賛するのを見たとき、よりいっそう勇敢になる。それゆえ、この世の生において多くの悲しみがわれわれを襲ったとしても、悲しんではならない。というのも、道は狭く、道は国ではないからである。それゆえ、この世の生において休息を求めてはならず、将来の生において悲しみを予想してはならない。主は、『それを見出す者は少ない』と言うことによって、再びこの世の生における多くの者の怠惰を指摘すると同時に、聴衆に多くの者の順境ではなく、わずかな者の労苦に注目することを教えている」（*Catena aurea, In Matth.*, 7. 13-14）。この世の生がキリスト者にとって狭い道であると言われるとき、それは甘美にして軽いのである。なぜなら、この世の生は道であるから、そこにおける苦しみは一時的なものであり、永遠の生命に比すれば取るに足らないからである。さらに、指導者である神は人間が多く労苦すればするほどよりいっそう賞賛し報いを与えるので、狭い道を歩くことはキリスト者にとって願望されるべきことだからである。神が注目するのは、順境において怠ける多くの者ではなく、労苦において戦うわずかな者である。

（5） *S. T.*, I-II, 5, 3, *c.*
（6） *Super Iob*, 5, 19.
（7） *Super Iob*, 6, 10-11.
（8） *Super Iob*, 1, 8.
（9） *Super Iob*, 11, 11.
（10） *Super Iob*, 9, 11.
（11） 神による善と悪の配分について、クリソストムスは次のように述べている。「神はすべての善を人間のために与えるのではなく、ちょうどその罰を罪人のために与えるのと同じように、聖人たちのために与える。しかし、神が善において罪人を義人から分けていないのは、罪人が絶望しないためであり、悪において義人を罪人から分けていないのは、義人が驕ることのないためである。とりわけ、悪しき仕方で生きている者は自らの偏見にしたがって判断するため、善は彼らにとって役に立たないものであり、善人は悪を義のために利用するため、悪が彼らを害することはないからである」（*Catena aurea, In Matth.*, 5. 45）。
さらにアウグスティヌスもまた次のように述べている。「善人は時間的な善によって驕り高ぶることはなく、悪によって打ちのめされることもない。悪人は幸福によって腐敗しているから、このような不幸によって罰せられる。あるいは、神がこれらの時間的善と悪を善人と悪人の両方に共通であるように欲したのは、悪人が有しているという理由から、善がよりいっそう貪欲に欲求されることのないためであり、善人が苦しめられるという理由から、悪を恥ずべきものとして避けることのないためである」(*Ibid.*)。

以上から明らかなように、神による善悪の配分は善人にも悪人にも有益であるような仕方において為されるのであり、善悪が善人と悪人に無差別に与えられるということ——一見するとこのことは神の摂理に反するように見える——も、真実においては神の深い配慮に基づいているのである。

(12) ここで、神がそれ自体としてみれば悪である艱難をすら人間に欲するとされているが、それはより広い視野から見て神の側から言えば、世界の終末論的な完成のためであり、艱難や試練によって善人と悪人は選り分けられて、教会は浄化されるのである。このことについてクリソストムスは、「そして、手に箕をもって、脱穀場を隅々まできれいにし、麦を集めて倉に入れ、殻を消えることのない火で焼き払われる」(マタ三・一二)という聖句の解釈において、次のように述べている。「脱穀場は教会であり、倉は天の国であり、畑はこの世界である。それゆえ主は使徒と残りの教師たちをいわば収穫者として送り、すべての民族を世界から切り取り、教会という脱穀場へと集めた。それゆえここでわれわれは脱穀され、吹き分けられる。すなわちすべての人々は、ちょうど穀粒がもみ殻において喜ぶように、肉的な事柄において喜んでいる。しかし信仰に厚く善き心を持つ人は、わずかな艱難に遭っただけで、肉的なものを無視して、神へと走っていく。さらにわずかな信仰しか持っていない人は、大きな艱難に遭っても、ほとんどそうしない。またまったく不信仰で空しくなっている人は、いかなる艱難に遭おうとも、神へと移行することはない。しかるに初めに脱穀された麦は、もみ殻とともに一つの場所に区別されずに置かれているが、後に吹き分けられ区別される。そのように、一つの教会においてもまた、信仰者と不信仰者が混ざり合っている。それゆえあたかも風のように迫害が起こって、キリストの箕の上に置かれて、すでに行為によって分離されていた者が、場所においても区別されるのである。また注目すべきは、『脱穀場をきれいにする』ではなく、『隅々まできれいにする』と言われていることである。というのもその隅々まできれいになるまで、教会は様々な仕方で試練を受けなければならないからである。まずユダヤ人が教会を迫害し、次いで異教徒が、今では異端者が、後には反キリスト者がそれに続く。ちょうど風が弱ければ、麦の収穫の全体が隅々まできれいにならず、軽いもみ殻は取り除かれるが、重いそれは残るように、目下のところもまた、試練の弱い風が吹いたところで、最悪な人々が出ていくだけなのである。しかしもし大きな嵐が起こったならば、動じることがないと思われていた人々もまた出ていくことになる。それゆえ教会が隅々まできれいになるためには、大きな試練が必要なのである」(*Catena aurea, In Matth.*, 3. 11-12)。

ここにおいて、しばしばわれわれにとって否定的な意味においてのみ語られる艱難や試練が、積極的にして重要な意味を有していることが明らかとなる。艱難や試練は神が人間を試すものであるが、それによって人間の知と徳は鍛え上げられて、天上的善にふさわしい者とそれに達することのできない者に選り分けられる。それゆえ、より大きな善に向けて艱難や試練を望むことは、人間にとって正しいことであり、パウロもまた、「それればかりではなく、苦難をも誇りとします。私たちは知っているのです、苦難は忍耐を、忍耐は練達を、練達は希望を生むということを」(ロマ五・三―四)と述べているのである。

(13) *Super Iob*, 13, 27.

(14) 業がそれによって為される意図の重要性について、「体のともし火は目である。目が澄んでいれば、あなたの全身が明るいが、濁っていれば、全身が暗い。だから、あなたの中にある光が消えれば、その暗さはどれほどであろう」(マタ六・二二―二三)という聖句の解釈において、アウグスティヌスは次のように述べている。「ここでわれわれは目という言葉をわれわれの意図として理解しなければならない。もしわれわれの意図が純粋で正しければ、その意図にしたがって働くわれわれのすべての業は善である。主はこのすべての業を『全身』と呼んでいる。というのも、使徒もまた『あなたがたの肢体、すなわちみだらな行い、不潔な行いを捨て去りなさい』(コロ三・五)と言って、われわれの肢体をある種の業と述べているからである。それゆえ、考察されるべきは、人が何を為すかではなく、いかなる心で為すかである。すなわち、このことはわれわれにおける光であり、というのも、われわれが自らの業を善き心で為すことはわれわれにとって明らかなことだからである。『明らかにされるものはみな、光となる』(エフェ五・一三)。しかし、人間の交わりの中に出て行く業そのものの結果は、われわれにとって不確かである。それゆえ、主はそれらを闇と呼んでいる。というのも、私が困窮している者に金銭を与えるとき、彼がそれで何を為すかを私は知らないからである。それゆえ、もしあなたによく知られている心の意図そのものが時間的なものに対する欲望によって汚されているならば、その結果が不確かな業そのものはよりいっそう汚れていることになる。というのも、たとえあなたが悪しき意図から為した業がある者に善きものとして受けとられたとしても、あなたが責任を問われるのはいかなる心でそれを為したかであって、いかなる仕方である者に受け入れられたかではないからである。しかし、もしわれわれが単一な意図、すなわち愛によって業を為すならば、そのときわれわれの業は純粋なもの、神に喜ばれるものとなるのである」(*Catena aurea, In Matth.*, 6. 22-23)。たとえ人間に喜ばれる業であっても、それが善き意図に由来するものでなければ、善き業ではなく神には喜ばれない。われわれは善き意図から業を為すように努めなければならず、善き意図は業にとってのいわば光である。われわれは意図の純粋さを追求すべきであり、その結果、すなわち業がどのように人に受け入れられるかに注目すべきではない。

（15） *Super Iob*, 14, 19.
（16） *Super Iob*, 14, 20.
（17） *Super Iob*, 14, 15.
（18） *Super Iob*, 19, 25.
（19） *Super Iob*, 16, 22.

Ⅵ　『ヨブ記註解』における義人の生について

序

本論は『ヨブ記註解』の議論をもとに義人の生について考察するものである。義人の生とはいかなるものか。義人は何を生の基準にし、何に自らの希望を置き、神といかなる関係に立つのか。また義人の生を妨げるものはどこにあるのか。これらの問いにトマスにしたがって答えることが本論の課題である。義人はそれ自体人間の生の模範となる人物であるが、それを世の中に見出すことは難しく、たとえ見出されたとしてもその生き方や哲学について教わることができるとはかぎらない。したがって本論では、生の見本としての義人の生を示すものをトマスのテキストの中から抽出し、それらを組み合わせることで義しい生き方とは何であるかを示したい。これは紙面の上で義人の生を述べたものであるが、それを読解しそれに倣うことは現実の生に関わることであり、われわれの生の質を向上させるものであると思われる。以下が本論の骨子である。第一に正しく生きることとはどのような生き方であるかが考察され、第二にそのような生を営む義人の希望が明らかにされる。第三に義人の喜びとの関連において天使の平和が語られ、第四に義人の生が神の知恵の展開の一部として理解される。第五に義人の生を破壊する傲慢（superbia）が考察される。

1　正しい生き方

義人の生について明らかにする上でまず考察されるべきは、どのような生き方が正しいかである。というのもある人は物質的善の獲得を人生の目的とし、またある人は精神的善の追求に努力するかぎりで、いかなる生が人間にとって最善であるかは決定されていないからである。人間が人間であるかぎりにおいて求めるべき生は、様々な職業のように人によって異なるというよりも、それらの多様な生を貫いて妥当する不変的なものではないだろうか。そのかぎりでこの問題は、職業をはじめとする人生における個別的選択に先立って考察されるべき重要な問題であり、万人における生の根本的なあり方を問うものである。トマスは「しかし神は私の道を知っており、火をくぐる金のように私を試されるだろう。その足跡を私の足は追い、私はその道を守り、離れたことはなかった。私はその唇の掟から遠ざかることはなく、私の胸のうちにその口の言葉を隠した」（ヨブ二三・一〇―一二）の註解において、人間が徹底すべき生のあり方はどのようなものかを明らかにしている。

あるものが正しい（rectus）と示されるのはその基準に一致していることによってである。しかるに人間の生の基準には二つのものがある。第一の基準は神によって人間の精神に刻まれた自然法（lex naturalis）であり、これによって人間は自然本性的に神の善性への類似性よりして何が善であるかを認識するのである。このことにおいて第一に注目すべきことは、人間がその力にしたがってその情動と業において（in suis affectibus et operibus）神の善性の働きを模倣しているということであり、これは「あなたたちの天の父が完全であるように、あなたたちは完全でありなさい」（マタ五・四八）と言われていることによっており、また「もっとも愛されている子らのように、あなたたちは神を模倣する者となりなさい」（エフェ五・一）とも言われている。それゆえ「その足跡を」と言われており、これはすなわち、たとえわずかな部分によるとはいえ、働く神の善性へのある種の類似性をということであり、「追った」すなわち模倣によって、「私の足は」すなわち私の情動はということであり、情動によってわれわれは働きへと進むのである。第二に必要なのは、ある者が神を模倣することに精神全体で配慮する（tota mente sollicitudinem adhibeat）ことであり、それゆえ「私はその道を守り」と続けられており、これはあたかもそこから遠ざからないように気遣ってということである。第三に必要なのは、人間が神の道に固執し部分的にではなく完全にそこに留まる（totaliter in ea maneat）ということであり、それゆえ「離れたことはなかった」と続けられており、すなわちいかなる部分よりしても遠ざからなかったということである。しかるに人間の生の第二の基準は神によって外的に伝えられた法であり、これに対して人間は二つの仕方で罪を犯すのである。すなわち第一の仕方は軽蔑によって（per contemptum）であり、このことに対しては「私はその唇の掟から遠ざかることはなく」と言われている。というのもノアにある掟が神的に与えられ、またおそらくその唇において神が語ったある他の聖なる人々にもそうであったのである。ある者が神の法に対し罪を犯す第二の仕方は無知ないし忘却によって（per ignorantiam vel oblivionem）であり、このことに対しては「私の胸のうちに」、すなわち心の秘所において、「その口の言葉を隠した」と続けられている。このことは、「私は私の心のうちにあなたの言葉を隠した。あなたに罪を犯さないように」（詩一一八・一一）と言われていることによっている。(1)

トマスが正しい生の基準としてまず挙げるのは神によって人間精神に刻まれた自然法である。われわれはこの自然法によって神の善性に照らして何が善で何が悪かを判断するのであるが、その際に注意すべき点が三つある。

第一はわれわれがその情動と業において神の善性の働きを模倣するということであり、これは天にまします父なる神に心の思いを向け業をなすということであり、少しでも神に近づこうと努力することである。第二はそのような神の模倣を精神の全体をあげて配慮しながら行うということであり、このような人間は神に向かう道から逸れないように気遣うのである。第三はその生全体を神に捧げ、そこに留まり続けるという完成されたあり方であり、このような人間にとっては文字通り神がそのすべてなのである。トマスが挙げる二つ目の基準は神によって外的に伝えられた法であるが、この法から逸脱し罪を犯すのに二つの仕方がある。第一はこの法を軽蔑することによってであり、これに対して「私はその唇の掟から遠ざかることはなく」と言われ、法に対する従順が述べられている。第二はこの法に対する無知ないし忘却によってであり、これに対して「私の胸のうちにその口の言葉を隠した」と言われ、法の記憶と遵守が勧められている。ここでの考察から明らかなことは、義人は内的に与えられた自然法によって善悪を見分け、その情動と業において神の善性を模倣すべく努めるのであり、その絶えざる修練の結果、その生全体を神が満たすという霊的あり方が可能となるのである。また義人は外的に伝えられる法をその従順と記憶によって守るのであり、以上の二点よりしてわれわれにとって完全に正しい生が実現されるのである。人間が人間であるかぎりにおいて追求すべき生き方とは以上のようなものであり、それは万人の様々な生の根底に据えられるべき根本的態度とも言えるだろう。

2　義人の希望

義人の生の基本的構造が明らかにされたいま、次に考察されるべきはより具体的な生の諸相である。義人は何を希望しながら生を送るのか。ヨブの友人であるエリファズは、「ヨブ記」二二章二五―二八節において、義人の生にもたらされる数々の善を提示することで逆境にあるヨブに悔い改めを促し、正しく生きることを勧める。「そして全能者はあなたの敵に敵対し、さらに銀はあなたに積み重ねられるだろう。そのときあなたは全能者についての喜びで満たされ、神に向かいあなたの顔を上げるだろう。神に請い求めればそれは聞かれ、あなたの願いは生じるだろう。あなたが物事を決定すればあなたにはそれが生じ、あなたの道において光が輝くだろう」。トマスはこれを解釈して義人の希望について以下のように考察している。

しかるにエリファズは、彼がヨブに回復されるべく約束するこれらの善がいかなるものであるかを続いて数えあげる。第一に彼が挙げるのは神の保護よりする安全（securitas ex Dei protectione）であり、これは「そして全能者はあなたの敵に敵対し」と続けられるとき明らかにされ、それはすなわち敵が神によってあなたに回復されたものを再び奪うことのできないようにとの意味である。第二に彼が「さらに銀はあなたに積み重ねられるだろう」と言うとき、富の充満（divitiarum abundantia）が挙げられている。というのも銀から金銭が生じるのが常であることよりして銀の名によってすべての富が意味されているからである。そして物体的善のみを約束すると思われないように、彼は霊的善（bona spiritualia）についても付け加えている。そのうちで第一のものとして彼が挙げるのは人間が神を愛し神において喜ぶということであり、それゆえ「そのときあなたは全能者についての喜びで満たされ」と続けられており、それはすなわちあなたが神とともに平和を持つとき神において喜ぶだろうということである。また人はそこにおいて喜ぶところのものに進んで関わるのであるから、「神に向かいあなたの顔を上げるだろう」と付加されており、それはすなわち神を頻繁に観想するために（ut ipsum frequenter contempleris）あなたの精神を〔上げるだろう〕ということである。またこのことからあなたは神へ帰ることの信頼（fiducia reccurendi ad ipsum）を受けとるであろう。それゆえ「神に請い求めれば」と付加されているのであり、このことは結実なしには起こらないが、というのも「それは聞かれ」と続けられているからである。しかるに神に聞かれた者は要求することによって約束した願いを満たすのが常であるから、あたかも聞かれたことのしるしとして「あなたの願いは生じるだろう」と付加されている。それから「あなたが物事を決定すれば」と付加されるとき、彼は提案されたことの繁栄した継続（prosperum successum）を約束しているのであり、それはあなたがあなたの配慮によってあることがいかに起こるかを秩序立てればということであり、「あなたにはそれが生じ」、すなわちあなたの計画は無駄にはされないだろうということである。あなたが何を決定すべきであるか迷わないように、このことはあなたにもまた明らかにされるだろう。それゆえ「あなたの道において光が輝くだろう」と付加されているのであり、それはすなわちあなたがいかなる道を通じて進むべきかがあなたに明らかに示されるだろうということである。(2)

義人の生を営むことによって約束されるのは数々の善であり、それは義人の希望でもある。まずトマスは物体的善について述べ、それが神の保護によって守られ誰からも奪われることがないとしている。次に富の充満であり、物質的な意味での繁栄が約束されている。さらに悪人には欠如しているが義人には与えられる特有の報いは霊的善であり、神を愛しその愛のうちに憩うときわれわれには平和があるとされる。またこの霊的喜びは繰り返しわれわれを神の観想へといざなうのであり、このような交わりによってわれわれのうちには神への信頼が生じる。この信頼にもとづいてわれわれが神に帰り請い求めるとき、その要求は聞かれ願いは満たされるのである。

また以上のような物質的善と霊的善は豊かに継続するのであり、それはわれわれの物事の秩序だった計画を神が成就してくださることによる。またわれわれが何を決定しいかなる方向へ進むべきか迷わないように、神はそれを明らかに示してくださるのである。以上が義人の希望であり、義人の生の具体的プロセスである。ここで明らかなことは神が義人をつねに配慮し摂理しているということであり(3)、義人はその神への信頼にもとづいて自らの人生を計画し、物体的善と霊的善との両方を享受しながら平和のうちに生きるということである。いかなる善もその創始者である神に由来するのであり、義人は信仰と愛において神と結ばれているところから、神の恵みであるそれらの善を受けとり利用し、さらに神を愛し返すことができるのである。

3 義人の平和

次いで神と結ばれて生きる義人の平和を考察するため、ここで天使の平和に目を向けてみたい。トマスは「力と恐怖は彼のもとにあり、彼はその高みにおいて協調をつくる」(ヨブ二五・二)という言葉を解釈して、霊的被造物における平和について語っている。

神は最高の平和のうちに(in summa pace)上級の被造物を保つことで、その力をそれらに行使している。それゆえ「力と恐怖は」すなわちそこから恐れるべきものであるそれは、「彼のもとに」、すなわち「その高みにおいて平和をつくる」神のもとにある。というのも下級の被造物においては多様な不和が見出されるのであって、それは理性的被造物において人間の意志の対立する運動によって明らかにされ、同様に物体的被造物においてそれらの対立によって明らかにされるが、それらはその対立によって生成と消滅に従属しているのである。しかし上級の物体においてはいかなる対立も見出されないのであり、それゆえそれらは不可滅なのである。同様に上級の知性的実体（superiores intellectuales substantiae）もまた最高の協調のうちに生きており、それゆえそれらにおいてはいかなる悲惨もないのである。上級の被造物のこの最高の協調は神の力から発出するが、この神の力は上級の被造物を自らに近いものとして自身の一性のより完全な分有おいて（in perfectiori suae unitatis participatione）創立する。それゆえ明瞭に「その高みにおいて」と言われ、それはすなわち自身によりいっそう一致するものにおいてということである。(4)

義人は神への愛において平和のうちに喜ぶが、それは神的本性を分有することによってであるかぎり、天使の平和と似たものであるだろう。われわれ人間を含む下級の被造物は多様な不和に悩まされているのであって、人間においては意志における霊肉の対立といわれるものがもっともそれに相当するといえよう。われわれの意志が全き仕方で神を愛することはまずないといってよいほど稀であり、多様な罪や暗さによって意志や知性は堕落しているのである。われわれがこの状態から引き上げられるのは神の力によってであり、そこで知性は輝かしめられ、意志はまっすぐにされる。この魂の平和ないし協調ともいえる状態は、上級の被造物である天使の最高の協調にも似たものであり、天使はつねにこのようにあるよう創造されたのでいかなる悲惨をも知らないのである。神は純粋知性実体である天使を自らに近いものとして認め、そこに自身の一性のより完全な分有をつくったのであり、われわれ人間もまた知的本性を有する者としてこの高みを目指しそこに留まるよう努めねばならない。(5)

4　神の知恵の発散と義人の生

ここでさらに問われるべきは、以上のような義人の生と神の支配とはいかなる関係にあるかである。トマスは「そのとき神はそれを見、語り、準備し、探究した。そして人間に言った。見よ、主への恐れ、それが知恵である。悪から遠ざかること、それが分別である」（ヨブ二八・二七―二八）の註解において、義人による神の模倣が神の知恵の展開の一部であることを示している。これまでの考察から明らかなように、義人の生は独立にではなく神との交わりのうちに起こるものであるが、むしろ神の知恵によって義人を含む全被造物は支配されているのであり、ここから造った者である神の造られたものに対する絶対的優位が明らかとなる。

しかし神はわれわれのように被造物そのものから知恵を獲得するのではなく、むしろその知恵から被造物を生み出すので、それゆえ「そのとき」すなわち彼が被造物を造ったとき、「それを見」すなわち知恵を自分自身のうちに見たのであり、それはその知恵の現実的考察によって（per actualem suae sapientiae considerationem）事物を存在へと生み出したからである。しかるに神から第一に知恵が派生する（derivata）のは天使であって、天使は神の知恵を分有するものとして造られたのである。このことに関して「語り」と言われているが、それはすなわち自らの知恵を彼らに明らかにすることによってということである。しかるに第二に派生するのは被造物の全体（universitas creaturarum）に対してであり、それはそれを自らの知恵によって配置することによってである。このことに属するのは「準備し」と続けられていることであり、すなわちその知恵において全世界をということである。第三に派生するのは人間に対してであるが、人間は神がそれに語った天使たちのように真理の知恵を単一の把捉によって理解するのではなく、理性の探求によって（per inquisitionem rationis）それに到達するのであり、それゆえ「探究した」と付加されており、すなわち人間が知恵を探究するようにしたということである。そしてこれが「そして人間に語った」と続けられていることの意味であり、すなわち内的な霊感によって彼を照明し知恵を伝えることで（per interiorem inspirationem illuminando ipsum et sapientiam communicando）ということである。「見よ、主への恐れ」すなわち私は自らそれをあなたに与える。「それが知恵である」。というのも主への恐れによって人間は神に固着するからであり、万物の最も高い原因としての神において、人間の真の知恵が存在するからである。さらに「悪から遠ざかること」すなわちそれによって人間が神を失う罪から遠ざかること、「それが分別である」。というのも分別が人間に必要とされるのは主としてそれによって善から悪を見分けるためであり、善き業の遂行によって悪を避けることで神の知恵の分有へ到達するからである。それゆえこのようにして、「主への恐れが知恵であり、悪から遠ざかることが分別である」ので、そこから帰結することは、神を恐れ悪から遠ざかる義人たちが知恵と分別を有するということである。彼らはこれらを悪人が所有するあらゆる地上的善よりも高く評価するのである。(6)

神は自らの知恵を見、それを現実に考察することによって被造物を生み出すのであり、そのかぎりですべての被造物は神の知恵に由来するものである。第一に知恵が引かれるのは天使に対してであり、天使は神の知恵を分有するように造られたのである。第二に知恵が及ぶのは被造物の総体に対してであり、神はその知恵によって全世界をしかるべき秩序に配置するのである。第三は人間に対してであり、神は内的に彼を照らすことで知恵を探究させるのである。またここで人間にとっての知恵は主への恐れであり、分別は悪を避けることであると説明され、義人の生の根本原理が示されている。神は主への恐れを人間に与え、人間にとって最高の知恵である神に固着させるのである。また人間は悪から遠ざかることによって分別を身につけるのであり、それによって神の知恵の分有に到達するのである。このような知恵と分別は地上的善のみを追求する悪人には与えられない義人の生に特有の報いであり、それは究極的には神の知恵の獲得を意味している。以上の考察から明らかなことは、義人の生が神の知恵に由来する高貴な営みであるということである。われわれが主を恐れ悪を避けながら神の知恵を探究するとき、それは神という全能にして至高なる存在によって強力に支えられた活動であり、われわれはそれを全霊でもって遂行しなければならない。むしろ義人の生は神の自己展開の一部であり、神が自らの知恵を見るという最高の働きへとわれわれは帰らなければならないのである。それゆえここで神の知恵は人間の根源にして目的であり、その追求はまさにわれわれの中心に存在する人生の課題であると言えよう。

5 最大の罪

以上の考察から明らかなように、義人の生は神をその唯一の拠りどころとするものであり、物質や名誉や快楽に支えられているのではないので、それらのものの欠乏は義人の生を毀損するものではない。それでは本質的な仕方で人間を義しい生から逸脱させるものとはいったい何なのか。最後に義人の生を根本から破壊してしまう恐るべき罪、傲慢について考察しよう。トマスは「あなたの怒りにおいて傲慢な者を散らし、すべての横柄な者を見てこれを低めることができるか。すべての傲慢な者を見てこれを混乱させ、不正な者をその場所において打ち砕くことができるか。彼らを一緒に塵のうちに隠し、その顔を穴に沈めることができるか」（ヨブ四〇・六―八）の註解において傲慢の罪とその罰について考察している。

人間のすべての悪意は傲慢からその始まりを有しているのであって、それは「すべての罪の始まりは傲慢である」(initium omnis peccati superbia)(シラ一〇・一五)と言われていることによっている。さらにすべての悪徳のうち神はもっとも傲慢を嫌うのであって、それゆえ「神は傲慢な者に反対する」(ヤコ四・六)と言われており、このことは傲慢な者が神に謙遜に従うことを欲しないかぎりにおいて、あたかも神に逆らうようなものだという理由による。そしてこのことから彼らは神の掟を軽蔑してあらゆる罪へと陥る――ここから地上的君主もまた反乱を起こすものをもっとも嫌うのである――のであって、それゆえ主は傲慢な者に行使する自身の力の効力を特に思い出させるのである。しかるに傲慢な者には二種類ある。ある者は自分が持っている善よりして自らを他の者の上に持ち上げるのであり、それはちょうど「私はその他の人間とは違う」(ルカ一八・一一)と言った者のようにである。そしてこれらの者は名そのものが表すように、本来的に傲慢な者(superbus)と言われるのである。しかるに傲慢な者の固有の罰は不和(discordia)であって、それはそれぞれの者が他の者に優越しようと努め従属することを拒否するかぎりにおいて、彼らが互いに協調することは不可能だからである。それゆえ「傲慢な者の間にはつねに争いがある」(箴一三・一〇)と言われている。このことを表示するため「あなたの怒りにおいて傲慢な者を散らし」と言われており、それはあたかも一なるものへ一致することができないように傲慢な者を散らすという神の任務を行使してみよと言わんとするかのようである。しかるに神の怒りによって重い罰が理解されるのである。他の種類の傲慢な者は、自らを自らを超えたもののように自慢するものであって、この者は本来的に横柄な者(arrogans)と言われる。それゆえ「主は言われる。私は彼の心の横柄と高慢を知っている。その徳は横柄のそばにはない」(エレ四八・二九)と言われている。これらの者の固有の罪は転落である。というのも彼らは自らを自分の力を超えて高く上げようと欲するので、危険を冒して破滅する結果になるからである。これは「あなたは彼らが高められるかぎりにおいて彼らを打ち倒す」（詩七二・一八）と言われていることによっており、それゆえ「すべての横柄な者を見てこれを低めることができるか」と続けられており、それはすなわちあなたの摂理の顧慮によって打ち倒してみよということである。

両者に共通な第一の罰は混乱であり、それは彼らがそのふりをした高みを獲得することができないので、彼らの欠陥が露わになって混乱するからである。それゆえ「すべての傲慢な者を見てこれを混乱させ」と付加されており、ここよりして下で「もしその傲慢が天にまで届くほどのものであっても、あたかも糞のように最後には滅びる」（ヨブ二〇・六）と言われたのである。しかるに彼らの第二の罰は彼らの破壊であり、「不正な者をその場所において打ち砕くことができるか」と続けられていることによってそのことが意味されている。傲慢な者が不敬虔な者（impius）と名づけられているが、それはちょうど「人間の傲慢の始まりは神からの背反である」（シラ一〇・一四）と言われていることによっており、これは敬虔に属する神の礼拝に対立するものである。しかるに傲慢な者にふさわしい罰は粉砕されることであり、というのも粉砕されるものはより強力な物体のある種の暴力によって最小の部分へと解消されるからである。しかるに自らを無秩序に偉大であるとみなす傲慢な者が、より強力な力すなわち神の力によって最小のものへと引き下ろされることは正しい。さらに明瞭に「その場所において」と付加されているが、それは彼らがそのうちに信頼を置いているものが彼らを解放することはできないことを示すためである。というのもいかなるものも自らの場所において保持されているのであり、それゆえ多くの富ないし名誉ある地位ないしもしそのうちに人間が信頼を置く何か他のかかる類のものがあればそれが、その場所と言われうるのである。それらのものが妨げることなく、傲慢な者は神によって打ち砕かれるのであり、その結果あたかもその場所において粉砕されたように思われるのである。第三の罰は彼らが最小のものへ還元された後、彼らの輝かしい名声がやむことである。というのも栄光の見せびらかしを求める者が人々の記憶から消え去ることは正しいのであり、それは「不正な者の名は朽ちる」（箴一〇・七）と言われていることによっている。それゆえ「彼らを塵のうちに隠し」と続けられており、それはすなわちそこへ引き下ろされた卑しい地位のために彼らを目立たないようにしてみよということである。「一緒に」と付加されていることは二つのことに関係しており、それはすなわちすべての傲慢な者が一緒にこのような終りを蒙るということと、傲慢な者が滅びるのは継起的にではなく同時にすなわち突然に引き下ろされるということである。彼らの第四の罰は彼ら自身が他の者によって認識されないのみならず、それらについて自慢していた善もまた気づかれないままになるということである。それゆえ「その顔を」と付加されており、すなわち顔によって彼らの認識の力が意味されているが、それは人間の目が顔のうちに置かれていることによっている。「穴に沈めることができるか」、すなわち地獄の深みへということであり、〔ここでは〕第一の死の比喩によって第二の死の断罪について語られている。第一の死によって人間は穴に沈められて物体的塵へと戻されるのである(7)。

ここでトマスは傲慢の一般的規定ないしその種類を挙げ、さらに神によるその罰を枚挙している。まずすべての罪の始まりは傲慢であると言われるが、それは傲慢によって神に背反することでその掟を無視しあらゆる罪へと陥るからである。神は謙遜な者を愛し傲慢な者をもっとも嫌われるので、その報いとして傲慢な者には様々な罰が与えられる。すなわち自らを他に優越させようとする者（superbus）に対しては不和があり、それによって彼らは一なるものにおいて協調するということがないのである。また自らを偽って大きく見せようとする者（arrogans）に対しては転落があり、それは彼らが危険を冒して破滅する結果になるからである。さらにトマスはこの両方の傲慢な者に共通の罰を数えあげる。第一は混乱であり、それは彼らの欠陥が露わになることによる。第二は破壊であり、彼らはその富や地位などに助けられることなく、神の礼拝に反するゆえをもって粉砕される。第三は彼らの名声が消えることであり、傲慢な者は皆このような終わりを迎え、またそれは不意に起こる。第四は彼ら自身のみならずその善も気づかれないままに滅びるということであり、究極的に彼らは永劫の断罪を受けるのである。

ここで述べられている傲慢な者に対する神の罰やその破滅は、きわめて現実に即した普遍的真理として受けとることができる(8)。これまで考察してきた義人の生は、神への信仰と愛にもとづいて物質的善や霊的善を享受し、人間本性の完成ならびに神の知恵への到達を目指すものであった。しかしこの人間としての完全なあり方を放棄し、神への背反において自己拡大を図る傲慢な人間は、その生き方が転倒したものであるがゆえにその内部からまた外部から必然的に滅びるのである。傲慢な者に与えられる不和、転落、混乱、破滅、名声の抹消、善の忘却といった罰は、仮に神ないしキリスト教信仰を取り去っても妥当する罪人の末路であり、彼らは一時的には栄えても最後には破滅する。罪人は義人に与えられる霊的善を知らないばかりか、それに望みを置く物質的善によって扶助されることもなく、文字通りすべての希望を失って死ぬ。さらに彼らには永劫の断罪が下され、永久に生命から追放されるのである。この結末の原因は、彼らが人間としてより不完全で不自由な生き方、もっといえば最悪なものを選んだというところにあり、それがここで傲慢と呼ばれる罪なのである。

結　語

　これまでの考察により、神との交わりにおいて永遠の生命を目指して生きる義人の生がどれほど力強く平和に満ちたものであるか、ならびに罪人の生がどれほど悲惨で脆弱なものであるかが明らかとなったであろう。義人は内的には自然法によって外的には神の掟によって善悪を見分け、神の善性の働きを模倣するのであり、その報いは物質的善のみならず霊的善にまで及び、その人生の全体にわたって神の摂理が支配する。またその平和は天使の交わりにおける最高の協調に似たものであり、霊肉の対立は知性の優位のもと神によって解消され一性が作りだされる。さらに義人の生は神の知恵の自己省察という至高の働きに由来する聖なるものであり、義人は主への恐れと悪の回避によってその根源である神の知恵に帰らんとする。最高の生ともいうべきかかる義人の生を根本的に破壊するのが傲慢の罪であり、その生き方が誤りであり呪うべきであるところから、神によって罰が与えられ滅ぼされる。このようにして正義が、真理が、善性が勝利するのであり、世々にわたって続く神の栄光が明らかとなる。

　本論で考察された義人の生の核心は、「主への恐れ、それが知恵。悪を避けること、それが分別」という言葉に集約されている。人間本性の究極の完成である永遠の生命に対する確固たる信仰と人間の霊性と相容れない悪を破壊する神の力によって、われわれの生は根本から変容せしめられ、人間の根源と目的によって明確に規定された強力なものとなる。われわれが生きるということは、物質的善を獲得したり精神的善に満足したりすることではなく、人間の根源かつ目的である神に固執することに他ならない(9)。本来われわれを神から引き離しうるものは何もないのであるから、このような生き方は人間が人間であるかぎりにおいて営む義務としてわれわれに迫るものである。それゆえ神を無視し傲慢に生きることは、人間であることの放棄でありその破壊である。[10]

註

（1） *Super Iob*, 23, 10-12.

（2） *Super Iob*, 22, 25-28.

（3） 人間に対する神の摂理について、「空の鳥をよく見なさい。種も蒔かず、刈り入れもせず、倉に納めもしない。だが、あなたがたの天の父は鳥を養ってくださる。あなたがたは、鳥よりも価値あるものではないか」（マタ六・二六）という聖句の解釈において、アウグスティヌスは次のように述べている。「ある者たちは、天の鳥が種も蒔かず刈り入れもしないことから、自分たちも働くべきではないと主張した。なぜ彼らは『倉に納めもしない』と続けられていることに注意しないのだろうか。また、なぜ彼らは働きもしないのに穀物で満たされた倉を持とうとするのだろうか。最後に、なぜ彼らは穀物をひいて調理するのだろうか。鳥はこれらのことを行わないのである。あるいは、もし彼らがこのことを説得する人々を見出したとして、彼らはその者たちに日々食事を用意し、泉から水を汲み出し差し出すのであるが、鳥はこのようなことを行わない。また、たとえ水によって器を満たすように強いられないとしても、すでにエルサレムにいた人々を義の新しい段階によって超えていた者たちは、自らに無償で送られた穀物からパンを作ったか、あるいは作ろうとしたが、鳥はこのようなことを行わない。しかし、多くの日々を人の目を逃れて過ごし、何者にも近寄らず、祈りに対する大いなる集中のうちに生きている人々は、明日のために何ものをも保存しないことを守ることができない。おそらく聖なる者になればなるほど、鳥とは似ていない者になるのではないだろうか。それゆえ、天の鳥について言われたことは、神はその奴隷に必要なものを配慮しないと人が考えないようにするためであった。というのも、神の摂理は鳥を支配するところにまで及ぶからである。神は自らの手によって働く者をも養うのであって、というのも、『艱難のときには私を呼びなさい。救い出してあげよう』（詩四九・一五）と言われているからである。使徒は逃げるべきではなく、捕らえられながらも神によって三人の少年と同様に火の中から救い出されることを期待すべきであった。逃げる聖人たちに異議を唱える者に対して、聖人たちは次のように答えるだろう。われわれは神を試すべきではない。もし神が欲するならば、神はわれわれを救い出すためにこのような艱難を生じせしめたのである。それはちょうど、ダニエルを獅子から、ペトロを鎖から解放したのと同様である。というのも、彼らにはいかなることをも為すすべがなかったからである。しかし、神は彼らに逃げる能力をも与えたのであるから、たとえ彼らがその能力によって解放されたとしても、彼らは神によってこそ解放されたのである。このようにして、もし自らの手によって食料を得ることのできる神の奴隷に対して、種も蒔かず刈り入れもしない天の鳥についての福音書の記述から反論をなす者がいれば、彼らは次のように答えるだろう。もしわれわれが何らかの病気や任務によって働くことができないとすれば、神はわれわれを何も働くことのない鳥のように養うだろう。しかし、もし働くことができるのであれば、われわれは神を試してはならない。というのも、われわれができるということもまた、神の賜物によっているからである。われわれが地上で生きるとき、われわれは自分たちに能力を与えてくださった神によって生きている。すなわち、ちょうど『だが、あなたがたの天の父は鳥を養ってくださる。あなたがたは鳥よりも価値あるものではないか』と言われているように、神はそれによって鳥を養うところのものによってわれわれをも養うのである」（*Catena aurea, In Matth.*, 6. 26）。ここで注目すべきは、自らの能力によって働いて糧を得る者も鳥や病人がそれによって養われるのと同じ神の摂理によって守られているということである。第一原因である神の力はすべての二次的原因の働きに浸透し、それを統帥している。神の摂理の外部に存在するものは何もない。

さらに、グレゴリウスは次にようにして神の摂理の存在を根拠づけている。「摂理が存在するということは次のような証拠によって示される。すなわち、すべてのもの、とりわけ生成と消滅に従属しているものの持続と存在するものの位置と秩序は常に同一の仕方によって守られている。このことは摂理する者なしにいかにして達成されるだろうか。しかし、ある人々は言う。存在するものの持続に関する普遍的な気遣いは神において存在するが、神が摂理を有するのはこのことに関してのみであり、個別的なものは偶然に生じると。しかるに、人が個別的なものに関する摂理は存在しないと言うときにはただ三つの原因のみがある。すなわち、あるいは個別的なものに関する配慮を有することが善であることを神が知らないか、あるいはそれを欲しないか、あるいはそれができないかのいずれかである。しかし、無知は至福なる実体から絶対的に疎遠である。個別的なものが破壊されると全体もまた破壊されるという知恵ある者が知っていることをどうして神が知らないだろうか。配慮する何らかの力なくしては個別的なものが滅びてしまうことは確実である。さらに、もし神が個別的なものに対する摂理を欲しないならば、それは二つの原因によっている。すなわち、怠慢によるか、不適切さによるかのいずれかである。しかるに、怠慢は二つのものから生じる。

何らかの快楽に夢中になって怠惰になるか、恐れによって活動をやめるかである。しかし、これらの両者ともにそれを神について考えるのは正しくない。もし神が個別的なものに対する摂理を有することは不適切である、すなわちこれほど大きな至福において存在していながら取るに足らないものにへりくだるのはふさわしくないと言う者がいるならば、次のように言わなければならない。作品の全体を配慮する職人が、部分が全体を完成させるという知識によって、いかなる個別的なものや最小のものをも見捨てることなく配慮するということは適切である。さらに、もし神が個別的なものに対する摂理を働きえないとすれば、神は無力であり、善を為しえないことになる。それゆえ、もしわれわれが個別的なものに対する摂理の理念を把握できないとしても、そのことのゆえに摂理は存在しないと言ってはならない。それはちょうどわれわれが人間の数を知らないことから人間が存在しないと言うようなものである」（*Catena aurea, In Matth.*, 6. 31-33）。

（4） *Super Iob*, 25, 2.

（5） 人間自身のうちで実現される平和について、アウグスティヌスは次のように述べている。「自分自身において平和を実現する者とは、自分の魂のすべての運動を鎮めて理性に従属させ、肉的な欲望に打ち勝つ者のことである。これらの者のうちに神の国は生じ、そこにおいてはすべてが次のように秩序づけられている。すなわち人間のうちで主要にして卓越した部分が、われわれと獣に共通な反抗する残りの部分を支配し、人間のうちで卓越した部分、すなわち精神ないし理性そのものがより優れたもの、すなわち真理そのものである神の子に従属するようにである。というのも、上級のものに従属するのでなければ、下級のものを支配することはできないからである。そしてこれが、地上において善き意志を有する人間に与えられる平和である」（*Catena aurea, In Matth.*, 5. 9）。ここから明らかなように、理性が肉的な欲望を支配できるのは、理性単独の力によるのではなく、理性がより上級のものである神に従属することによってである。この限りで、人間における平和は神との関係性のうちで成立するのであり、もし神を求めないならば、その人間は真に平和ではありえないだろう。

さらに、われわれが「御心が行われますように、天におけるように地の上にも」（マタ六・一〇）と言って祈るとき、天使において神の御心が行われるように、人間においてもそうなることを願っているのであり、それは可能なのである。このことに関して、アウグスティヌスは次のように述べている。「至福のかの王国において聖人たちの幸福な生は完成されるが、それはちょうど現世における天上的な天使の境遇と同様である。それゆえ、『御国が来ますように』というかの祈りの後に続けて、『御心が行われますように、天におけるように地の上にも』と言われている。すなわち、それは、ちょうど天における天使たちにおいてあなたの御心が行われ、誤りがその知恵を暗くすることなく、不幸がその至福を妨げることなく、あなたを享受するのと同じように、地において存在し、身体に関するかぎり地から造られたあなたの聖人たちにおいてもまた、あなたの御心が行われるようにという意味である。さらに『御心が行われますように』とは、あなたの掟が守られるようにという意味であり、『天におけるように地の上にも』とは、ちょうど天使によってと同様、人間によってもという意味である。神が欲することを彼らが生じさせるのではなく、神が欲するところを彼らが為すのである。すなわち、神の意志にしたがって為すということである」（*Catena aurea, In Matth.*, 6. 10）。

（6） *Super Iob*, 28, 27-28.

（7） *Super Iob*, 40, 6-8.

（8） 神の罰によって滅ぼされたとされる者として具体的に挙げられるのは、ヘロデ大王である。彼についてエウセビオスは次のように述べている。「ヘロデが救い主に対して犯した冒瀆とその同時代人に対して行った悪事のために、神の報復が彼を死へと追いやった結果、ヨセフスが述べているように、様々な病気がヘロデの体を襲った。しかしこれらのことは、預言者が述べているように、身体的な病気に属するのではなく、神の報復の罰なのである。しかしヘロデはすでに怒りに満ちていたので、ユダヤ全域から身分の高い者や第一級の者たちを自分のもとへ集め、監禁することを命じた。そして自らが死ぬとただちにこれらの者を皆殺すように指示したので、ユダヤ全体が彼の死を悲しんだのは本意によるものではなかった。ヘロデが息を引き取る少し前に、彼は自らの子であるアンティパトロスを殺し、さらにそれより以前には二人の王子であるアレクサンドロスとアリストブロスを殺した。ヘロデの死はこのようなものであり、彼はベツレヘムで幼子に対して行った罪と救い主に対する策略にふさわしい罰を受けたのである。このことは福音書記者によって、『ヘロデが死ぬと』と言われているときに示されている」（*Catena aurea, In Matth.*, 2. 19）。

（9） われわれがその生において第一義的に神の国と神の義を追求すべきことについて、「何よりもまず、神の国と神の義を求めなさい。そうすれば、これらのものはみな加えて与えられる」（マタ六・三三）という聖句の解釈において、クリソストムスは次のように述べている。「それゆえ、『何よりもまず、神の国と神の義を求めなさい』と続けられている。神の国とは善き業の報いである。神の義とはそれによって神の国に至る敬虔の道である。それゆえ、もしあなたが聖人の栄光がいかなるものであるかを考えるならば、あなたが、あるいは罰に対する恐れのゆえに悪から離れ、あるいは栄光に対する願望から善へと駆り立てられることは必然である。また、もしあなたが神の義とは何であるか、すなわち神は何を憎み、何を愛するかを考えるならば、義を愛する者に与えられる義そのものがあなたに道を示すだろう。われわれが貧しいあるいは豊かであることの理由はわれわれには与えられないが、善くあるいは悪しく行為することはわれわれの意志のうちにある」(*Catena aurea, In Matth.*, 6. 33)。

さらに、神の国や義の追求と時間的なものの必要がどのように秩序づけられるべきかという問題について、同じ聖句の解釈において、アウグスティヌスは次のように述べている。「『そうすれば、これらのものはみな加えて与えられる』と続けられている。すなわち、これらのものとは時間的なもののことである。主がここで明らかに示していることは、われわれがそのために善を為すべきであるものはこのような時間的善ではない、それらは必要なものにすぎないということである。対して、神の国と神の義はわれわれの善であり、そこに目的が置かれるべきである。しかし、かの王国に到達するためにこの世において戦うわれわれの生はこれら必要なものなくしては営まれ得ないので、『これらのものはみな加えて与えられる』と言われている。『何よりもまず』と言われているときに示されていることは、時間的にではなく価値においてこれらのものをより後に求めるべきだということであり、神の国と義をわれわれの善として、これらのものを必要なものとして求めるべきだということである。たとえば、われわれは食べるために福音を宣べ伝えるべきではない。というのも、このような仕方によっては福音を食料よりも価値の低いものとして有することになるからである。それゆえ、そうではなく、われわれは福音を宣べ伝えるために食べるべきである。何よりもまず神の国と神の義を求める、すなわちこのことを残りの事柄よりも優先して、このことのゆえに残りの事柄を求める者たちには、必要なものを欠くのではないかという気遣いがあってはならないので、『これらのものはみな加えて与えられる』と言われている。すなわち、いかなる妨害もなしに与えられるということであり、それはあなたがたが必要なものを求めるときに、そのことのゆえに神から離れたり、二つの目的を立てたりすることのないためである。……使徒が飢えと渇きのなかで働いたことを読むとき、われわれはここで主の約束が破棄されたと見なしてはならない。というのも、これら必要なものは助力だからである。われわれが自己のすべてを委ねているこの医者は、われわれに役に立つときを判断して、これらのものをいつ与え、いつ奪うべきかを知っている。もしわれわれにこれらのものがある時点で不在だったとしても――神はしばしばわれわれを鍛えるためにこのことを許す――、神はわれわれの意志を弱めることはなく、むしろ試練に耐えた者として強めるのである」(*Catena aurea, In Matth., Ibid.*)。われわれは神のために戦うのであって、時間的なもののために戦ってはならない。人間が求めるに値するものは神の国や義であり、時間的なものはその追求のために必要なものに過ぎないからである。たとえ時間的なものが神によって与えられないように見えたとしても、それはわれわれを強めるための試練であって、このことから神の摂理を否定してはならない。

(10) 信仰深い者の勝利と不敬虔な者の破滅について、「そこで、わたしのこれらの言葉を聞いて行う者は皆、岩の上に自分の家を建てた賢い人に似ている。雨が降り、川があふれ、風が吹いてその家を襲っても、倒れなかった。岩を土台としていたからである。わたしのこれらの言葉を聞くだけで行わない者は皆、砂の上に家を建てた愚かな人に似ている。雨が降り、川があふれ、風が吹いてその家に襲いかかると、倒れて、その倒れ方がひどかった」(マタ七・二四―二七)という聖句の解釈において、クリソストムスは次のように述べている。「『わたしはわたしの言葉を聞き行う者を賢い人と見なす』と言われているのではなく、『そのような者は賢い人に似ている』と言われている。それゆえ、似せられるところの者が人間であるなら、それは誰であろうか。キリストである。キリストは自らの家、すなわち教会を岩、すなわち強力な信仰の上に建てた賢い人である。対して、愚かな人とは悪魔であり、彼は自らの家、すなわちすべての不敬虔な者を砂、すなわち不安的な不信仰、あるいは肉的な人間の上に建てた。肉的な人間が砂と言われるのは、その不毛性のゆえであり、というのも、彼らは団結することなく、様々な見解によって散り散りにされているからである。また、彼らはその数が数えきれないがゆえに砂と言われている。雨とは人を潤す教えであり、雲とはそこから雨が生じるところのものである。ある者は、使徒や預言者のように聖霊によって駆り立てられ、ある者は、異端者のように悪霊によって駆り立てられる。善き風とは様々な徳の霊か、あるいは目に見えない仕方で人間の心において働き善へと導く天使である。対して、悪しき風とは不純な霊である。善き川とは福音書記者と民の博士たちであり、悪しき川とは、哲学者や世俗的な学問の残りの教師たちのように、不純な霊に満たされ、言葉の多さによって教育された人間であり、彼らの腹からは死んだ水の流れが出てくるのである。それゆえ、キリストが建てた教会を、偽りの教えの雨が破壊することもなければ、悪魔の風が吹きつけることもなく、荒々しい川の衝撃が動かすこともない。ある者が教会から脱落することは、このことに対立しない。というのも、キリスト者と呼ばれる者が皆、キリストに属するわけではなく、『主は御自分の者たちを知っておられる』(IIテモ二・一九)からである。しかし、悪魔の建てた家に対しては、真なる教えの雨が降り注ぎ、霊的な恩恵、あるいは天使の風が吹きつけ、四人の福音書記者と残りの知者たちの川があふれる。このようにして悪魔の家、すなわち異教的なものは倒れ、キリストが起こるのである。誤りが解消され、偽りが打ち負かされ、全世界の偶像が破壊されて、その壊滅は大きなものであった。キリストの言葉を聞いて行う者はキリストに似ている。というのも、彼は岩、すなわちすべての善であるキリストの上に建てるからである。その結果、人が善のいかなる相の下に建てようとも、キリストの上に建てたと見なされるのである。ちょうどキリストによって建てられた教会が破壊されえないように、キリストの上に自らを建てようとするキリスト者もまた、いかなる逆境によっても破壊されえない。『だれが、キリストの愛からわたしたちを引き離すことができましょう』（ロマ八・三五）。対して、キリストの言葉を聞いて行わない者は悪魔に似ている。聞かれるが行われない言葉は分離され、散り散りにされるがゆえに、それは砂に比せられる。また、砂とはすべての悪意であり、世俗的善である。ちょうど悪魔の家が破壊されたように、砂の上に建てられたこれらの者も破壊され倒れる。そして、もし彼が信仰の土台について何らかの破壊を蒙ったならば、その壊滅は大きい。しかし、たとえ彼がダビデのように姦淫や殺人を犯したとしても、悔悛によって起き上がることのできる信仰の土台を有していれば、壊滅は大きくない」（*Catena aurea, In Math.*, 7. 24-27）。信仰はいわば生の土台であって、それを拠りどころとして業を為す者は、艱難や悪によって倒されることなく安定した生を築く。反対に、信仰の教えをないがしろにして地上的な善を追求する者は、少しの艱難や試練によって打ち負かされて、絶望してしまう。天の国、霊的善を求め、時間的なものを軽蔑せよというキリストの教えは偉大であり、信仰者はこの教えに支えられて生きるのである。

第三章　救済

Ⅶ　『ヨハネ福音書講解』における神への愛

序

愛とは広く言ってわれわれのすべての欲求活動を指示するものであり、知性による認識活動と並んで人間の生の主要な構成要素である。われわれはこの愛によって飲食を行い、配偶者を愛し、名誉を求め、死を恐れる。このかぎりで愛とは人間の生を司り、それに活力を与え、善悪いずれの方向へもわれわれを導くことのできる力であると言える。本論ではこの愛に注目し、それが何に向けられ、いかに使用されるべきかが問われる。われわれは何を愛すべきであるのか。考察は第一にわれわれの神認識の可能性とその限界を見定めるところから始まる。人間は神をどれほど知り愛すことができるのか。この考察によってわれわれの愛の対象が決定される。第二に世界への愛と神への愛の関係が問われる。愛が神へ向かうべきだとすれば、われわれは世界と自己に対しどのように向き合うべきなのか。第三に神を愛する者がいかに愛すべきか、つまり愛の強度が考察され、われわれの神に対する態度が明確にされる。第四に愛によるキリストの成長が語られ、われわれが神に比して自己をいかに見なすべきかが問われる。第五に時間的なものと霊的なものとの相違が考察され、われわれが神を愛すべきであることの根拠が明らかにされる。最後にキリストの栄光が述べられ、われわれの神への愛がキリストの栄光に極まり、受肉によって可能にされることが示される。

1　至福と神認識

そもそもわれわれ人間は神を認識し愛することができるのか。ここで神認識の可能性を問うことは、われわれが神を愛の対象とできるかどうかという問題に関わっている。トマスは神の本質がわれわれによって認識されないという主張を三つの根拠によって退けている(1)。

しかるに神の本質がいかなる被造的知性によってもけっして見られない、また天使によっても至福者たちによっても見られないと主張する者があった。しかしこの命題が誤りであり、異端的であることは三つの仕方で示される。第一は聖書の権威に対立するからである。「われわれは神をありのままに見るであろう」(Iヨハ三・二)。また以下において、「永遠の命とは唯一の真の神であるあなたとあなたのお遣わしになったイエス・キリストを知ることである」(ヨハ一七・三)。第二に神の明るさ(claritas Dei)はその実体に他ならないからである。すなわち神は光の分有によって光るのではなく、自己自身によって光るのである。第三に神の本質を見ることにおいてのほか、ある者が完全な至福を獲得することは不可能だからである。というのも知性の自然本性的願望は認識されたすべての働きの原因を神から知り認識することだからであって、このことは二次的原因のように原因と結果から複合されていない万物の第一にして普遍的な原因(prima universalis omnium causa)が知られ認識されるのでなければ満たされ得ないからである。またそれゆえ神の本質直観の可能性を人間から取り去ることは、その至福を取り去ることなのである(auferre possibilitatem visionis divinae essentiae ab hominibus est auferre ipsam beatitudinem)。それゆえ被造的知性の至福のために、神の本質が見られることは必然である。

ここで注目すべきは、至福と神認識の密接な関係である。われわれの知性は個別的で二次的な原因の認識によってはその自然本性的願望を満たすことはできず、必ずすべてのものと働きの第一の原因に至ることが可能でなければならない。知性が第一の原因に到達することは理性的存在者である人間の至福であり、神の本質直観はそれに相当する。このようにわれわれ人間の神への到達可能性は、われわれの自然本性的願望からして導き出される帰結であり、知性は二次的原因の連鎖をいくら巡っても認識を止めることはできず、愛も同様に個別的善ではなく普遍的で総体的な善に至るまではその欲求をやめることはないと思われる。以上の考察によって、われわれ人間によって神の本質が見られることが明らかにされたが、さらに問われるべきはそれがどのような条件のもとでどの程度見られるかだろう。この考察によってわれわれによる神認識の限界が明らかにされる(2)。

ここで神の本質直観に関して三つのことに注意すべきである。第一に、神は物体的眼ないし何らかの感覚ないし想像力によってはけっして見られないということである。というのも感覚によっては物体的に感覚されたもの以外は知覚されないからである。しかるに神は非物体的であり、霊である。

神は非物体的であり精神的なものであるので、われわれの感覚性の次元における能力によって捉えることはできない。このことは当たり前のことのように思われるが、われわれの五感を超え、また想像力や表象力すらをも超えている実在を思い浮かべることは難しい。神は人間の魂の上級の部分である知性によってあるいは知性的世界のうちに見られるものであり、人間が神を見ているかぎりでその様態は一致しており、つまりその人間は霊的である。

第二に、人間知性はそれが身体に結びついている間、神を見ることができないということである。というのも可滅的物体によって観想の高みへと到達することができないよう圧迫されるからである。またそれゆえ魂は情念からよりいっそう自由になり地上的愛情から浄化されればされるほど、よりいっそう真理の観想へと上昇するのであり、主がどれほど甘美であるかを味わうのである。しかるに観想の頂点は神を本質によって見ることである。またそれゆえ人間は、従属する身体のうちに多くの情念の必然性より生きているうちは、神を本質によって見ることはできないのである。人間は神を見てなお生きていることはできない。それゆえ人間知性が神的本質を見るためには、完全に身体を見捨てることが必要である。それはあるときは死によってであり、ちょうど使徒が次のように言っている場合がそれである。「私たちは心強い。そしてむしろ体を離れて主の御前に存在するという善き意志を持っている」(Ⅱコリ五・八)。またあるときは脱魂によって身体の感覚から完全に引き離されることによってであり、ちょうどパウロについて「コリント後書」一二章三節に読まれる場合がそれである。

ここから明らかなのは、神をその本質によって見るということがわれわれ人間にその身体を捨てることを要求するということである。というのもわれわれの知性は身体に結びつけられているかぎりで情念の影響を受け、神の観想の高みへと上昇していくことを妨げられるからである。しかしここで観想の段階とも言えるものが示唆されている。すなわちわれわれはよりいっそう地上性や感覚性から引き離されるほど、よりいっそう情念から自由になり神を捉え味わうことができる。たしかに神の本質を見るには死や脱魂によって完全に身体を見捨てる必要があるが、この世の生においてあらゆる表象を捨て去り魂を霊的なものとして浄化すれば、われわれは何らかの仕方で神の甘美さを知ることができるのである。では完全に身体を捨てた人間は、神の本質を完全に見ることができるだろうか。次にトマスはまったく身体の影響を受けない魂がどの程度まで神を認識できるかを考察する。

第三に、神の本質を見ている被造的知性は、それがたとえば死によってどれほど感覚より切り離され、あるいは身体から分離されたものであっても、それをいかなる仕方によっても把握する(comprehendere)ことはできない。またそれゆえ一般的に次のように言われる。神の本質は最も単一にしていかなる部分をも持たないがゆえに、その全体が至福者たちによって見られるにしても、しかし全体的に見られるのではない。というのもこのことはそれを把握することになるからである。すなわち「全体的に」(totaliter)と言われていることはある様態を指示している。しかるにいかなる神の様態も神の本質である。それゆえ神を全体的に見ない者は神を把握していないのである。しかるに把握するとは、本来的に、ある者がある事物をそれ自体において認識可能であるかぎりにおいて認識することによって言われるのである。もしそうでなければ、たとえそれを認識しても、把握することにはならないのである。それはちょうど次のような事例に見られるとおりである。「三角形は二直角に等しい三つの角を持つ」というこの命題を認識している者は、論理的推論(syllogismus dialecticus)によっては、この命題が認識可能なかぎりにおいて認識しておらず、またそれゆえ全体的に認識していない。しかしこの命題を論証的推論(syllogismus demonstrativus)によって認識している者は、それを全体的に知っているのである。それぞれのものは、存在と真理を有している程度にだけ認識可能である。しかし認識者自身は、認識力を有している程度にだけ認識する。しかるにすべての被造的な知的実体はかぎられたものであり、それゆえかぎられた仕方で認識するのである。それゆえ神は無限の力と存在性に属するので、したがって無限に認識可能なものであり、いかなる被造的知性によってもそれが認識可能なだけ認識されることはできないのである。またそれゆえ神はすべての被造的知性にとって把握不可能(incomprehensibilis)なものに留まるのである。偉大なる神はわれわれの知を超えている。しかるに神のみが把握することによって自己自身を観想するのであって、それは存在することにおける神の存在性が、認識することにおける神の力に対応しているからである。力ある神、偉大なる神、その名は万軍の主、その知慮は偉大であり、その思いは把握できない。

神の本質は単一にしていかなる部分も持たないので、至福者たちが神の本質を見る場合、神は全体として見られていると言える。しかしこのことは「全体的に」神が見られていることを意味しない。全体的に神を見ることは神を把握することであり、これはいかなる被造的知性によっても不可能なのである。というのも「把握する」というのは、認識対象をその認識可能性にしたがって認識することである。しかるに神の認識可能性は無限であり、これは神が無限の存在性と真理を有することによる。それに対し被造物の認識力は有限である。それゆえ神はいかなる被造物によってもそれが認識可能なかぎりにおいて認識されることはない、つまり把握されず、全体的に知られることがないのである。ここに神と被造物との、特に知性的存在者たる人間との間のけっして埋めることのできない断絶がある。このことを存在論的に説明すれば次のように言えるだろう。神はその本質によって存在であるのに対し、すべての被造物はその存在を神から受けとっており、存在と本質とは区別され、その存在は本質によって限定されており、それ自体存在の充実ではなく欠如や空虚さを内に含んでいる。存在がその本質であるのは神のみであり、どれほど上級の被造物であっても、神の完全や充溢には遠く及ばない。神の存在は無限であり、その認識可能性も無限であるのに対し、その存在が本質によって限定されているすべての被造物は有限の存在と認識力しか有しない。このようにして神はわれわれにとって把握不可能なものに留まるのであり、ただ神のみが自己自身を把握しながら観想することができる。神の存在性と認識力はその大きさにおいて等しいからである。以上の考察によって、神の本質の認識を知性と愛によって求めることは、われわれの至福に対する自然本性的願望に根ざすものであり、人間として生きている以上避けられない目的であること、またその神認識は把握不可能なものに留まるという人間存在の限界が明らかにされた。ここで神をわれわれの愛の対象として見なすことの根拠が示されたので、次いでわれわれの神への愛について考察を進めてみたい。

2　世界への愛から離れ自己に還る

神を愛する者にまず必要とされるのは何であろうか。トマスによれば世界への愛（amor mundi）は、神の認識からわれわれを引き離す最大のものである。(3) というのも世界への愛は神の敵をつくるからである。神を愛さない者は神を認識することができないし、自然的な人間は神の霊に属するところのものを理解できない。このように世界への愛は神への愛のもっとも大きな障害であり、神を愛する者がまずもって克服すべきものである。世界を愛することは、本来それが人間のためにあるところの物体的善を崇めそれに隷属することであり、やがては死に至る肉体的快楽に理性を委ねて肉欲の奴隷となることであり、人間本性に直接関わることのない名誉や権力に魂の充足を求めることである。世界を愛している者はいわば神に背を向けているのであり、神のことを知ろうにも被造的世界のうちに神は存在しないのである。この世界への愛を捨てることは、身体によって地上につながれた人間にとって困難であり、それは感覚的欲求に反することだからである。しかし人間はその知性や愛によって霊的なことにも関与でき、それは時間空間という地上的制限を超えた営みなのである。低級なものを求める欲望を理性によって制御することと、霊性に与り研鑽を積むことの両側面から、人間は世界への愛から自由になり、神を愛することへと向かうことができる。これは長い修練を必要とする過程であり、人間の霊的成長とともに容易になると思われる。

次いで神を愛する者に必要とされるのは、自己の魂へと還ることである。キリストは人々の集まりや時間的な気遣いの只中においては容易には見出されず、霊的な秘所（secretum spirituale）である魂の内奥において、さらにそれを超えたところに見出される。(4) 神は人間を荒野へと導いて、そこでその心に向かって語る。というのも、賢者の言葉は静寂のうちで聞かれるからである。またもしわれわれが創造主の認識へ到達しようと欲するならば、歪んだ愛情の混乱から逃れ、悪人の集まりを避け、神が訪れ住まうにふさわしいわれわれの心の神殿へと逃げ帰るべきである。(5) 静寂は世界を愛する外的人間にとっては退屈で虚無的に感じるだろうが、魂において生きる内的人間にとっては清澄で聖なるものであり、人間をよりいっそう神への愛へと促すものである。

3　Zelus Dei

以上から明らかなように、われわれは世界への愛から離れ自己の魂において神を愛するのであるが、その愛はどのようなものでなければならないのだろうか。ここで神を思う熱意に関して、ここでは「ヨハネ福音書」二章一三―一七節におけるイエスの行状に注目したい。イエスがエルサレムの神殿の境内に入り、「縄で鞭を作り、羊や牛をすべて境内から追い出し、両替人の金をまき散らし、その台を倒した」とき、弟子たちは「詩篇」六八章一〇節の言葉、すなわち「あなたの家を思う熱意が私を食い尽くす」(Zelus domus tuae comedit me)を思い出した。以下がトマスの解釈である。(6)

ここで以下のことが知られるべきである。熱意(zelus)とは本来的には愛のある種の強度(intensio)を言うものであり、この強度において強く愛する者は、自身の愛に反するいかなるものにも耐えることができない。またここから、妻を強く愛する者は、妻が他の人々と交際することを自身の愛に反するものとして耐えることができないのであり、嫉妬深い人(zelotypus)と言われるのである。それゆえ自分がもっとも愛している神の栄光に反して、いかなるものにも忍耐強く耐えることのできない人が本来的に神への熱意を有しているとされる。信仰者は万軍の神、主に情熱を傾けて仕えるのである。しかるにわれわれは主の家(domus Domini)を愛さなければならないのであり、そして主の家を思う熱意がわれわれを食い尽くすほどにそうしなければならないのである。

すなわちもしわれわれが何か対立的なものが生じるのを見たならば、それをなす者がどれほどわれわれにとって最愛の者であろうとも、それを取り除くよう努めなければならないし、このことのために何らかの悪を蒙ることを恐れてはならないのである。それゆえ『註解』において次のように言われている。「善き熱意は魂の激情である。それによってある者は死の恐怖を打ち捨てて真理を守るために駆り立てられる。人はこの熱意によって食い尽くされると、曲がったものを見ればそれが何であれ矯正しようと奮闘するし、もしそれができないのなら、それに耐え、嘆くのである」。

われわれの神への愛はそれに対立するものを許容できないほどに強く完全なものでなければならない(7)。これは神の熱意によって食い尽くされることであり、われわれの内の知性と意志と情念が神の霊によって支配されることである。真理や正義である神を愛するゆえに、われわれは地上的な愛情を放棄したり、悪を甘受することにも準備がなければならず、人間にとって最大の恐怖である死すらをも愛は克服する。しかしここで注意すべきは、この熱意が神に由来する聖なるものであるか、肉から出てくる地上的なものであるかという問題である。しばしば異なった宗教間で教義上の理由から対立や抗争が見られるが、物理的に人を殺戮することは神への熱意から出てくるものだろうか。それは神のためという名目のもと、実は人間的な感情を他にまき散らし、肉の欲を満足させようとするものではないか。真にある宗教への熱意を有している者は、そのような低俗的で表面的な解決策は採らず、むしろその教義の正当性を他に説得的に伝えることに努めるだろう。そのために教義をより深く正確に理解し、説得のための言語や関連する諸学を修め、自己の人格を陶冶した後に、たとえばキリスト教で言えば宣教活動を、もしくは他宗教との対話を行うのである。強い宗教的熱意はそれが多くの熟慮また正しい判断を伴わなければ、容易に人の命を奪って後悔しないような事態を招く。神を愛する者に必要なのは聖なる熱意であって、感覚的次元における熱狂ではない。

世界から自己へと還り熱意をもって神を愛するわれわれについて、次に考察されるべきはキリストの成長である。われわれが愛によってキリストにおいて霊的成長を遂げるとき、われわれにとって自己はどのように捉えられるのか。トマスは洗礼者ヨハネの「キリストは成長し、私は衰えなければならない」という言葉を以下のように解釈している。(8)

4 私は衰えなければならない

しかるに道徳的には、このことはわれわれ各人において起こるべきことである。あなたがキリストの認識と愛において前進するために、彼、すなわちキリストはあなたのうちで成長しなければならない。というのも、あなたが認識することと愛することによって彼をよりいっそう捉えれば捉えるほど、キリストはよりいっそうあなたのうちで成長するからである。ちょうど同一の光を見ることにおいてよりいっそう進歩する者が、光がよりいっそう大きくなると考えるように。そしてここよりして、このように前進する人間は、自分自身を見なすことにおいて衰えなければならないのである。というのも、ある者は神の高さについて認識すればするほど、人間の小ささをよりいっそう小さいものと見なすからである。

認識と愛においてキリストを捉えることはキリストを所有することである。それゆえキリストを知り愛するだけ、キリストはわれわれのうちで成長するのである。むしろ正確に言えば、われわれがよりいっそうキリストに近づくのである。このようにしてキリストに近づく者は、認識と愛によってよりいっそうキリストの偉大さを知れば知るほど、自己を卑小なる者と見なし、神の前に謙遜にひざまずくようになる。そのかぎりで謙遜はその人間がどれほど霊的成長を遂げているかを測る指標となるのであり、逆に傲慢は神から離反している人間の共通の特徴となる。神を愛する者は神の高さを知れば知るほど謙遜になり、自己を無と見なして、自己が衰えてキリストが自らを支配することを求める。ヨブのへりくだりはこのような理由によるものである。パウロの言うように、人間にとって生きるとはキリストのために生きることであって、それは罪深く不完全な自己を脱ぎ捨てて善にして完全なものに従うということであり、愛の脱自的運動とも調和するものである。

5 生命の泉

世界に向かって自己において生きる者はたえず欠乏を感じるのに対し、神を愛する者はけっして渇くことがないと言われる。しかしそれはなぜであろうか。ここでは神への愛が持つ完全さと有益性を考察したい。トマスは「しかるに私が与える水から飲む者は永遠に渇くことがないであろう」（ヨハ四・一四）という言葉を解釈して、物体的水と霊的水、あるいは時間的なものと霊的なものとの相違について語っている。(9)

「しかるに私が与える水から飲む者は永遠に渇くことがないであろう」（ヨハ四・一四）と言われている一方で、しかし反対に、「私を飲む者はさらに渇くであろう」（シラ二四・二九）と言われている。それゆえ、知恵そのものが「私を飲む者はさらに渇くであろう」と言っているのにもかかわらず、いかにしてこの水、すなわち神の知恵から飲む者は永遠に渇くことがないのであろうか。

しかし両者ともに真であると言うべきである。というのもキリストが与える水から飲む者は、さらに渇くと同時に渇かないからである。しかし物体的水から飲む者は再び渇くのである。このことは二つのことによる。第一は、質料的ないし肉的水は永遠的ではなく、永遠的原因ではなく欠陥的原因を有するからである。それゆえその結果もまた、止まざるをえないのである。肉的なものは影のように過ぎる。反対に霊的水は、けっして欠けることのない生命の泉である聖霊を永遠的原因として有している。またそれゆえ霊的水から飲む者は永遠に渇くことがないのである。ちょうど腹のうちに生ける水の泉を有している者がけっして渇かないであろうように。

第二の理由は、霊的なものと時間的なものの間には相違があるということである。すなわちたとえ両者ともに渇きを生むといえども、しかしそれぞれ異なった仕方においてである。というのも、時間的なものが所有されると、そのもの自身ではなく他のものに対する渇きが生じるが、反対に霊的なものは他のものに対する渇きを取り去り、自分自身に対する渇きを生ぜしめるからである。以下がその理由である。時間的なものは、それが所有される以前には、非常に価値がありかつ十分なものに思われるが、それが所有された後には、それほどのものではないために、願望を静めるのに十分ではないものとして見出され、それゆえ願望は満足せしめられず、むしろ他のものを所有すべく動かされるのである。それに対し霊的なものが認識されるのは、それが所有されているときにおいてのみである。霊的なものは受け取る者以外はだれも知らない。またそれゆえ霊的なものは、それが所有されなければ、願望を動かすこともない。しかしそれが所有され認識されたときには、それは情動を喜ばせ、願望を動かすのであるが、それは他のものを所有することに向けてではない。そうではなく、霊的なものは、受け取る者の不完全性ゆえに不完全な仕方で捉えられていることよりして、それが完全に所有されるように動かすのである。

またこの渇きについて、「私の魂は生ける泉である神に向かって渇いた」(詩四一・二)と言われている。しかるにこの渇きは、この世においてはけっして取り去られることはない。というのも、われわれは霊的善をこの世の生においては完全に捉えることはできないからである。またそれゆえこの水から飲む者は、たしかにその完成に向けてさらに渇くのであるが、あたかもその水が尽きてしまうようには、永遠に渇くことがないのである。しかるに栄光の生においては、そこでは至福者たちが完全な仕方で神の恩恵の水を飲むのであるが、彼らは永遠に渇くことがないのである。

ここで右に述べられたことを例を挙げて理解してみよう。まず時間的なものの例として快楽を考えてみたい。快楽はそれが得られる前は、得られるであろう快楽によって欲望は十分満たされると考えられている。しかしその快楽が実際に手に入ってしまうと、それによって感覚は満足せず、よりいっそう完全で強度のある快楽を求めるようになる。この快楽の追求はいかに大きな快楽を手に入れようとも止まないものであって、以前の快楽はそれ以上の快楽によって乗り越えられそのように無限に進行していくので、魂はいつになっても休息を得ることができず、永遠に満たされることなく渇き続ける。

次に霊的なものの例として知恵の追求を挙げてみたい。知恵を得ることはその霊的活動の只中において生じるものであり、それ自体が目的である。したがってわれわれが知恵を得るとき、その行為の目的はそこで達成されているので、それ以外の他のものが願望されるということはなく、そこにおいて魂は休息し喜ぶ。しかし知恵は聖霊に由来し無限に深いものであるから、それが完全に所有されることはできないので、魂はより完全に知恵を把握することへと駆り立てられる、すなわち知恵の完成にむけて渇く。

世界への愛を放棄して神を愛する者は、肉的な水ではなくけっして渇かない霊的な水から飲む者であり、そこにおいて霊性の充実を味わいながらよりいっそう神を知り愛することへと聖霊によって動かされる。神を認識し愛することはこのように完全で真に有益な営みであり、ここに世界ではなく神を愛すべきであることの哲学的根拠を見ることができるだろう。

6　神への愛と受肉

以上見てきたように、われわれは世界から離れ自己の魂のうちに神を見出した。さらにその神の家を熱意と情熱をもって守り、生の中心を自己からキリストへと移した。霊的なものである神は時間的なものより完全で、われわれの魂を充足させ、聖なる渇望によって駆り立てた。このようにしてわれわれは神を愛してきたが、この愛の極まるところは何であろうか。またこの愛の根拠は何であろうか。ここでは「恩恵と真理とに満ちていた」（ヨハ一・一四）という聖句を取り上げ、そのトマスの解釈からキリストの栄光と受肉について考察したい。トマスによると右の聖句は、キリストについて三つの仕方、すなわち合一、魂の完全性、頭の権威にしたがって解釈することができるが、以下では第一に合一について、第二に頭の権威について述べたい(10)。

第一に合一（unio）にしたがってである。すなわち神と合一せしめられるために、恩恵はある者に与えられる。それゆえもっとも完全に神と合一している者が恩恵に満ちているのである。またある者は自然本性的類似性の分有によってたしかに神に結ばれている。神は自らにかたどり自らに似せて人を造った。ある者は信仰によって神に結ばれている。信仰によってキリストは住む。ある者は愛によって神に結ばれている。というのも愛のうちに留まる者は神のうちに留まるからである。しかしこれらすべての様態は部分的なものである。というのも自然本性的類似性の分有によってある者が完全に神に結ばれることはないし、また信仰によって神がありのままに見られることもなければ、神が愛によって、愛されうるだけ、愛されることもないからである。その理由はすなわち、神は無限の善であり、それゆえその愛されうる程度も無限であり、何らかの被造物の愛がその無限の程度に到達しえないというところにある。またそれゆえ、神と被造物の十全な結合もありえないのである。

しかしキリストにおいては、そこにおいて人間本性が神性に個体の一性において合一しているのであるが、神への十全で完全な結合が見出される。というのもその合一は、神性と人間本性のすべての働きが個体の働きであるようなものだからである。それゆえキリストは恩恵に満ちていたのであるが、それはキリストが神から何か特別の恩恵的賜物を受けとっていたからではなく、自身が神そのものであったからである。父なる神はその子にすべての名を超える名を与えた。またキリストは真理に満ちていた。というのもキリストにおける人間本性は神の真理そのものに到達するからであり、すなわちかの人間は神の真理そのものだったのである。つまり他の人間においては、第一の真理そのものが多くの類似性によって彼らの精神のうちに輝くことにしたがって、多くの分有された真理が存在するのであるが、しかしキリストは真理そのものである。知恵の宝はすべてキリストのうちに隠されている。

このようにキリストは恩恵と真理に満ちているので、彼の有する霊には尺度がなく、彼の魂はすべての点において完全で、知恵と知解、思慮と剛毅、知識と敬虔、主に対する畏れによって満たされている(11)。われわれの神への愛が極まるところはこのキリストの栄光なのであり、これが愛の目的である。このかぎりでキリストの栄光は終局的なもので、愛はそれ以上いかなるものをも求めることはない。次いで上の聖句を頭の権威にしたがって解釈したい(12)。

次に、この言葉は頭の権威（dignitas capitis）、すなわちキリストが教会の頭であるかぎりにしたがって解釈される。またこのようにして、キリストには恩恵を他者に伝えることが適合するのであって、恩恵の注入によって人間の精神のうちに徳を生ぜしめることによってと同様、教えと業と死の受難によって、あり余る恩恵をもし可能であるならば無限の世界に獲得させることによってもそうするのである。それゆえ弱められ、いかなる者をも義化できず、完成へと導くこともできない律法によって持つことのできない完全な義を、キリストがわれわれに与えたかぎりにおいて、彼は恩恵に満ちていたのである。肉の弱さのために律法がなしえなかったことを神はしてくださったのであり、神はその子を罪ある肉と同じ姿において送り、肉において罪から罪を断罪した。

キリストは教会の頭であるかぎり、彼には恩恵を他者に伝えることが属するのであり、人間の魂における徳の生成や受難と死による教えの伝播がそれに相当する。神は人間を義化できなかった律法に代わり、愛によって人間が救われんがためにその独り子を世へと遣わした。このキリストの受肉によって、われわれは罪から救われて神を愛することができるのである。(13) アウグスティヌスはこのことについて、「たとえ神は、その驚くべき知恵が秩序づけた時機に応じて、あらゆる仕方で魂を治療するとしても、父と実体と永遠性をともにする唯一の子が人間全体を受け容れ給うた場合以上に、いかなる仕方においても人類をより好意的に配慮したことはなかった(14)」と言っている。このかぎりでキリストの受肉はわれわれの神への愛の根拠であり、根源である。この神の人間に対する無限の愛にわれわれの神への愛は由来しているのであり、神が人間を先に愛されたのでわれわれは神を愛することができる。われわれが神を愛するということはそれ自体が恩恵なのである。以上よりして、キリストの受肉とそれに伴う栄光がわれわれの神への愛の根拠にして目的であることが示された。このかぎりでキリストの受肉の意味はわれわれが神を愛することそのもののうちに隠されていたと言えるだろう。

結語

われわれ人間はその愛によっていったい何を愛すべきであるのか。この問いは現代に生きる人間の生の意味と目的を明らかにしようという実存的で現実的なものである。まず人間の至福が神の本質の認識に存することから、この愛の対象は神そのものであるということが明らかとなった。われわれはその自然本性的願望によって万物の第一の普遍的な原因である神を知り愛することへと傾向づけられている。人間にとってこの目的は神の把握をもって完成されるが、いかなる被造知性も神を全体的に知ることはできず、人間が神と対等な真理と存在性を有することはありえないとされる。それでもなお人間は被造物の一部として神を愛し讃えることができる。神がわれわれの愛の対象であることが見定められた今、次に問われるべきは神をいかに愛するかあるいはいかに神へと上昇するかである。このことに関してまず世界への愛が放棄される。世界への愛はわれわれに神の存在を忘却させ神の敵を作るからである。神を愛さないものは神を認識できない。さらに世間の喧騒や悪人の交わりから逃れて自己の魂に還ることが勧められる。神の言葉は静寂のうちで内的人間において聞かれるからである。続いて神を愛する者には神への熱意が必要である。この熱意は人をして真理であるキリストを守るために地上的な愛情を放棄させ、悪を蒙ることを甘受させ、最大の恐怖である死すらをも克服させる。しかしこの熱意は聖なるものでなければならず、単なる人間的な感情に由来するものであってはならない。さらに神を愛する者はキリストにおいて成長しなければならない。神への愛は神に比して無であるところの自己を放棄させ、キリストへと生の中心を移す。謙遜は人間の霊的成長を証拠立てる徳である。次いで時間的なものと霊的なものとの相違が語られ、われわれが神を愛することの完全性と正当性が根拠づけられる。霊的なものはわれわれの魂に他のものに対する願望を生ぜしめることなく自らにおいて休息させながら、よりいっそうの充実へ向けて渇望させる。最後に以上のような仕方で考察されてきた神への愛の根源と目的が明らかにされる。神への愛の目的はキリストの栄光であり、彼においては神性と人間本性との完全な結合が見出されるので、彼は恩恵と真理の充満である。愛はこの究極的な完全性を目指すものである。また神への愛の根源はキリストの受肉であり、われわれが神を愛することができるのは、その独り子を与えた神のわれわれに対する無限の愛に基づく。われわれは神を愛することにおいて、神に知られ愛されていることを確認できるのであり、このように人間と神とが愛において一致しながら上昇していくことのうちに、人間の生の意味と真実は明らかになると思われる。

註

（1） Cf. *Ioannis Lectura*, n. 212.
（2） Cf. *Ioannis Lectura*, n. 213.
（3） Cf. *Ioannis Lectura*, n. 138.
（4） Cf. *Ioannis Lectura*, n. 728.
（5） Cf. *Ioannis Lectura*, n. 730.
（6） Cf. *Ioannis Lectura*, n. 392.
（7） この神への熱意について、キリストが悪魔から誘惑を受ける場面に関して、クリソストムスは次のように述べている。「注目すべきは、キリストが誘惑の不正を蒙ったとき、自らに『神の子なら、飛び降りたらどうだ』という悪魔によって混乱させられることもなければ、悪魔を非難することもなかったということである。しかし今、悪魔が神の栄光を自分のものにしようとすると激怒し、『退け、サタン』と言って彼を追い払った。この例からわれわれが学ぶべきことは、一方自分たちへの不正を寛大に耐え、他方神に対する不正はそれを聞くことすら我慢してはならないということである。というのも、自分たちへの不正において忍耐強くある者は賞賛に値するが、しかし神に対する不正を隠すことは大いなる不敬虔だからである」（*Catena aurea, In Math.*, 4. 10）。
（8） Cf. *Ioannis Lectura*, n. 524.
（9） Cf. *Ioannis Lectura*, n. 586.
（10） Cf. *Ioannis Lectura*, n. 188.
（11） ここではキリストにおける聖霊の七つの働きが言及されているが、これはわれわれ人間においても実現されうるものであり、七つの至福（マタ五・三―九）に関する解釈において、アウグスティヌスは次のように述べている。「これらの文章の数に注目すべきである。というのも、これら七つの段階に、イザヤが述べる聖霊の七つの働きが一致しているからである。聖霊の働きは最高からのものであり、これらの段階は最下からのものであるにしても。すなわち、前者においては最下へと下る神の子が、後者においては最下から神の似像へと上昇する人間が教えられている。これらにおいて、第一のものは恐れであり、それは謙遜な人間にふさわしい。彼らについて、『心の貧しい人々は幸いである』と言われ、それはすなわち、高みを味わうことなく、〔神を〕恐れる人々ということである。第二は敬虔であり、これは柔和な者に適合する。敬虔に求め、敬意を表し、非難することなく、抵抗することもない者が柔和な者となる。第三は知識であり、これは悲しむ者に適合する。彼は〔以前〕善として求めていたところのいかなる悪によって今は征服されているのかを学んだのである。第四は剛毅であり、これは飢え渇く者に適合する。というのも、真の善について喜ぶことを望む者は、地上的なものから離れることを欲して労苦するからである。第五は思慮であり、これは憐れみ深い者に適合する。というのも、これほどの悪から自らを引き抜き、他人を許し、憐れみを与えることは唯一の救済策だからである。第六は知解であり、これは心の清い者に適合する。彼は清められた目によって、目が見ることのできないところのものを見ることができる。第七は知恵であり、これは平和を実現する者に適合する。彼のうちには〔神に〕反抗するいかなる運動もなく、彼は霊に従う。〔これらに対し〕一つの報酬、すなわち天の国が様々な仕方で言及されている。第一の至福においては、当然のごとく、天の国が置かれているが、これは完全な知恵の始めである。あたかも『知恵の始めは主への恐れである』（詩一一〇・一〇）と言われているかのように。父の証しを敬虔に求める者として、柔和な者には相続が、何を失い、何において沈められていたかを知る者として、悲しむ者には慰めが、救済のために労苦する者に回復が与えられるように、飢えるものには満足が、自らが示したところのものが示されるために最善の思慮を用いる者として、憐れむ者には憐れみが、永遠的なものを知解するために純粋な目を持っている者として、心の清い者には神を見る能力が、平和を実現する者には神の似像がそれぞれ与えられる。これらの報いは、ちょうどわれわれが使徒において成就したと信じているように、この世の生において成就しうるものである。この世の生の後に約束されていることについては、いかなる言葉によっても説明されえない」（*Catena aurea, In Matth.*, 5. 10）。ここで端的な仕方で、完成されたキリスト教的人間像とそれに対する報いが示されている。注目すべきは、上方から下方への聖霊の七つの働きと地上に生きる人間の神への上昇が統合的に捉えられていることと、徳の報いあるいは祝福としての天の国は将来の生においてのみ約束されているものではなく、使徒をはじめとしてこの世の生においてもすでに実現しうる事態として捉えられていることである。

（12） Cf. *Ioannis Lectura*, n. 190.

（13） われわれが神に至るためにキリストが受肉したことについて、Paul Gondreau は次のように述べている。「キリストの人間性なくして、三位一体の第二位格の真の受肉なくして、神に至る道はなく、神との和解もない」。Cf. Paul Gondreau, *Anti-Docetism in Aquinas's Super Ioannem* in : Michael Dauphinais, Matthew Levering (ed.), *Reading John with St. Thomas Aquinas*, Catholic University of America Press, 2005, p. 258.

（14） *Catena aurea*, Praefatio.

Ⅷ 『ヨハネ福音書講解』における救済論

序

われわれ人間の救済とはいかなるものであろうか。本論では救済が主題化され、特に神による知性の完成について考察される。真理の認識は人間の救済に深く関わっているからである。第一に一般的な仕方で救済の方法が提示され、人間が四つの仕方で救済を得ることが確認される。第二により具体的な仕方でキリストに至る方法が述べられ、われわれが聞くことと学ぶことを通して神を追求すべきことが示される。第三に真理は神にのみ由来することが明らかにされ、救済に関する神への聴従という態度について詳しく考察される。第四に真理の光そのものである神と人間の知性との関係が問われ、人間の救済が神の直視にあることが示唆される。第五に人間の内奥のものが語られる。

1 救済の方法

まず問われるべきは、人間はいかなる仕方で救済されるか、救済の方法についてである。本論はこのような救済に関する一般的考察からはじまって、次第に知性の完成、神の本質直観へと論を進めてみたい。トマスは「そして彼は門を出入りして牧草地を見つけるだろう」（ヨハ一〇・九）という聖句を四つの仕方で解釈して、救済の方法を提示している。(1)

しかるに救済の方法は、「そして彼は門を出入りして牧草地を見つけるだろう」と言われている際に提示されている。この言葉は四つの仕方で解釈することができる。第一はクリソストムスによるものである。彼によるとこの言葉によって他の何ものでもなく、キリストに固執する者の安心と自由が理解されるべきである。というのも門を通じて以外の他のところから上る者は自由に入ったり出たりすることがない。しかし門を通じて入る者は自由に出るのであり、それは自由に出ることができるからである。それゆえ「彼は出入りして」と言われている際の意味は、この比喩にしたがえば以下のようになる。キリストに固執している使徒たちは安心して入り、教会の内にいる信仰者や外にいる不信仰者と交わるのであり、彼らが全世界の主人となったとき、いかなるものも彼らを追い出そうとはしないのである。神は主の民を指揮する人を任命し、彼を進ませまた戻らせ、主の民を飼う者のいない羊のようにはしない。「そして彼は牧草地を見つけるだろう」、すなわち使徒たちは、回心において、またキリストの名のために不信仰者から受ける迫害においてもまた喜んだのである。使徒たちはイエスの名のために辱めを受けるほどの者にされたことを喜び、最高法院から出て行ったとされる。

救済の第一の方法は宣教である。宣教者は自由に教会に入り信仰者と交わり、自由に教会から出て不信仰者と交わることによって、全世界をキリストへと回心させる。宣教においてはキリストに対する確固たる信頼のゆえに、そのすべての活動を通じて安心と自由があり、そのようにして全世界の主人となった宣教者には、敵対するものはいなくなる。彼らが常に牧草地を見つけると言われるのは、不信仰者の回心において霊的喜びを得、また迫害者からの辱めをもまたキリストの名によって誇りとすることで、宣教においては悲しみや恥辱を感じることがないからである。(2) このことの背後には、自らがキリストの名において隣人を救済へと愛しているという行為の正当化と、自己の苦難をキリストの受難に結びつけそこから霊的慰めを得るということが理解される。このようにして宣教は、それによって回心させられる者のみならず、宣教者自身の救済を実現するものとなるのであり、その行為にはキリストによって意義と慰藉が与えられるのである。

第二にアウグスティヌスの『ヨハネ福音書講解』によって、以下のように解釈することができる。いかなるものであれ善き仕方で働くものには二つのことが必要である。すなわちそのものの内にあるものに対して善き状態であることとそのものの外にあるものに対してそうあることとである。しかるに人間の内にあるものは霊であり、外にあるものは身体である。たとえわれわれの外なる人は朽ちるとしても、しかし内なる人は日々新たにされる。それゆえキリストに固執する者は、観想によって良心を守ることへと入るのである。そして彼は外へ出ていく、すなわち善き行為によって身体を支配することへと。「そして彼は牧草地を見つけるだろう」、すなわち純粋で敬虔な良心において。われわれは神の視界に現れるだろう。神の栄光が現れるときわれわれは満たされるだろう。また行為において「彼は牧草地を見つけるだろう」、すなわち実りを。

人間が救済に至る第二の方法は、人間の内にある霊と外にある身体に対して善き状態を保つことである。われわれは内なる霊に対して、神の観想によって良心を守るのであり、これは非存在である悪ではなく存在そのものである神に向きなおることで、善悪を見分ける良心の機能を維持することである。外なる身体に関しては、善き行為によって身体を統制し、それを魂に従属させることがわれわれの課題となる。このようにして内なる霊へと入り外なる身体へと出ていくことによって、われわれは常に牧草地を見つけるのであり、一方で敬虔な良心のうちに神の栄光の反映を見、他方で行為においてその実りを刈り取るのである。人間の内にあるものと外にあるものが神へと関係づけられることによって、人間は全体として救済の秩序のうちへ入り、善性において成長していくのである。

第三の解釈はまた同一人物ないし聖グレゴリウスの『エゼキエル書講解』に属するものであり、意味は以下のようになる。「彼は入るだろう」、すなわち信じることによって教会へと。すなわちこれは戦う教会（ecclesia militans）へと入ることである。「そして彼は出ていくだろう」、すなわち戦う教会から勝利の教会（ecclesia triumphans）へと。「そして彼は牧草地を見つけるだろう」、戦う教会において、すなわち教えと恩恵の。また勝利の教会において、すなわち栄光の。

救済の第三の方法は教会によるものである。教会は可視的な神の国であって、人間が魂と身体から合成されている以上、そこでの信徒との交わりや秘跡の拝受は人間本性の要求にかなうものである。われわれは信仰によってこの世の生における戦う教会へと入り、その権威にしたがって神について学び罪から清められることで、将来の生において勝利の教会へと出ていくのである。この教会においてわれわれは常に牧草地を見つけるのであり、戦う教会においては教えと恩恵が、勝利の教会においては栄光が与えられる。

第四にアウグスティヌスに帰せられるが彼に属するものではない『霊と魂について』という書において解釈され、そこでは次のように言われている。彼らすなわち聖人たちは、キリストの神性を観想することへと入るだろう。また彼らはキリストの人間性を考察することへと出ていくだろう。そして彼らは両者において牧草地を見つけるだろう。というのも彼らは両者において観想の喜びを味わうだろうからである。

キリストは神性と人間性という二つの本性から合一されているのであって、どちらか一方を強調し他方を貶めることは異端である。神性に関しては父と実体を共にし永遠であり、人間性に関してはわれわれのように理性的魂と身体とから合成されている。[3] 真の神であると同時に真の人間であるこのようなキリストの神秘を観想することとは、神と人間本性に関する様々な問題の考察を含んでおり、それを些末な神学的議論として片づけることはできないばかりか、むしろそれはわれわれ人間の救済に大きく関わるものである。したがってキリストの神性と人間性を観想することは、ここでそのまま救済の方法の一つに数えられているのである。

トマスによると、以上述べた四つの仕方で人は救済へと至るのであるが、四つの仕方に共通であるのは、第一の場合は宣教において、第二の場合は良心と行為において、第三の場合は教会において、第四の場合は観想において、キリストに依り頼むこと（adhaerere Christo）である。これによってわれわれは常に神に関係づけられ、そこから自由と安全を得、良心と身体を保ち、信徒の集まりである教会において進歩し、観想において喜ぶのである。つまりキリストに依り頼むことが人間の救済にとっては不可欠な要素であり、神の栄光へ向かうその全道程を支え導いている。以上の考察から明らかなように、救済とは単に将来の出来事や人間が関与することのできない神の業なのではなく、神と人間の関係性のうちで成就する完全性であり、人間の神への道の全体を指して呼ばれるところのものと言えるだろう。

2　聞くこと（audire）と学ぶこと（discere）

右で一般的な仕方で救済の性格が明らかにされたので、次により具体的に救済のプロセスを考察したい。人間はどのようにしてキリストに至るのであろうか。トマスは「父から聞いて学んだ者は皆、私のもとに来る」（ヨハ六・四五）という聖句を解釈して、救済への道程を聞くことと学ぶことの二つの側面から考察する。[4]

しかるに父が引き寄せることはもっとも強力である。というのも「父から聞いて学んだ者は皆、私のもとに来る」からである。ここで二つのことが提示される。すなわち一つは神の賜物（donum Dei）に属するところのものであり、というのも啓示する神から「聞いた」と言われているからである。もう一つは自由意志（liberum arbitrium）に属するところのものであり、というのも同意によって「学んだ」と言われているからである。そしてこの二つのものは信仰のすべての教えにおいて必要である。

まずここで救済が天の父がわれわれを引き寄せることによるものであることが分かる。このわれわれに対する神の愛のもとで、われわれは二つのことを行わなければならない。第一に啓示する神から「聞くこと」であり、これは神の賜物に属する。神はわれわれの救済のためにその教えを教会を通じて明らかにしているのであり、われわれはこれを神の絶対的権威において信仰をもって受け入れる。この救済における聴従の必要性は第三節で詳しく考察する。第二に同意によってその教えを「学ぶこと」であり、これはわれわれの自由意志に属する。この「聞くこと」と「学ぶこと」は信仰のすべての教えに要求され、前者は神からの働きかけという受動的な契機であり後者はそれに対するわれわれの応答という能動的な契機であり、両者が成立するときわれわれはキリストのもとへと至ることができる(5)。この限りでわれわれの救済は、神の恩恵に基づく神と人間の協力関係によって成就されるのであり、人間は自らの自由意志のみによって救われることもなければ、恩恵はまさに人間が救済されるために与えられるのであって、神と人間はその救済において互いに切り離すことのできない関係を作るのである。

しかるに教え明らかにする神から聞き、同意することによって学んだ者は皆、私のもとに来る。「来る」とは三つの仕方で言われている。真理の認識によって（per cognitionem veritatis）、愛の情動によって（per amoris affectum）、業の模倣によって（per operis imitationem）である。そしてこのいずれにおいても聞くことと学ぶことを行わなければならない。

すなわち真理の認識によって来る者は彼、すなわち霊感を与える神から聞かなければならない。われわれは主なる神が私のうちで語ることを聞こう。そして述べられたとおり、情動によって学ぶのである。しかし下で「渇いている者は私のもとに来て飲みなさい」（ヨハ七・三七）と言われているように、愛と願望によって来る者は、学びそして愛を燃え立たしめられるために、父の言葉を聞きそれを捉えなければならない。というのも語るものの理性に即して言葉を捉える者が、それを学ぶからである。しかるに父なる神の言葉は愛を霊発するものである。それゆえ激しい愛とともにそれを捉える者が学ぶのである。知恵は聖なる魂に自らを移し、預言者と神の友を立てるのである。しかるに業の模倣によって彼はキリストのもとへと来る。労苦し重荷を担うわれわれは皆、キリストのもとに来たり、休ませてもらうのである。そしてこのような仕方で学ぶ者は皆、キリストのもとへと来るのであるが、以下がその理由である。すなわち知りうるものにおいて結論が占める位置を、働きうるものにおいては働きが占めている。しかるに知識において完全に学ぶ者は皆、結論へと至る。それゆえ働きうるものにおいて完全に言葉を学ぶ者は皆、正しい働きへと至るのである。主はわれわれがそれに逆らわないような仕方でわれわれの耳を開かれる。

トマスによれば、われわれがキリストに至って救われるのは、第一に真理の認識によってである。ここで真理の認識と言われているのは、キリストによる内的霊感（inspiratio）のことであり、諸々の認識を根拠づけている知性の光のことを指す。このことは第四節で詳しく考察するが、ここでは「主なる神の語ることを聞く」という表現で内的人間による真理の把捉が意味されており、それはまた感情によって習得されねばならないとされる。

第二は愛の情動による道であり、神を愛する者はまず主の言葉を聞き、それを主の理性にしたがって理解することでそれを学ぶ。このようにして神の御心を捉えながら、愛はさらに大きくなり、燃え立たしめられて、神と一体となることを求める。愛は愛する対象をよりよく知ることを促し、その理解はさらに愛を深めるのであり、ここにおいて神の言葉の理解と神への愛は相互に循環しながら人間を神へと近づけ、そのうちに存在させる。

第三は業の模倣であり、これはキリストの働かれた業を模倣することで神に至るものである。可知的なものにおいて正しく推論する者は正しい結論に至るように、行為において正しく神の言葉を知る者は正しい行為へと至る。キリストに倣うことはきわめて深い知と行いを模倣することであって、そこから人間の行為はその正しさと確実性を有し完全なものとなる。しかしその場合でも神の言葉を理解することが求められるのであり、その理解の程度にしたがって、人間の行為はより多くまたより少なく善へと規定される。神の言葉はそれ自体所与性ではなく、人間が自らのものとして習得して初めて、現実的に意義あるものとなる。

このようにして人間は、「聞くこと」と「学ぶこと」を通じて神の言葉を自らのものとすることで、真理、愛、行いによって救済へと規定されるのであり、この営みはわれわれにきわめて強い能動性を要求するものである。例えて言うなら、ある本を読んでその内容を頭で理解していることと、その内容が現実に身についていることとの間には大きな差があるのであり、本の内容を習得することは多くの時間と努力を要する。そのように神の言葉を習得するとは修練の結果なのであり、神と人間の関係は不断に築かれるものであって、単に与えられるものではない。上で救済は神に依り頼むことによると言われたが、ここではそのことがさらに真理の認識、愛の情動、業の模倣によってなされることが指摘され、より具体的な救済のプロセスが示されたと思う。さらにそれら三つの仕方で神の言葉を習得する限りで、救済に関してわれわれ人間には強い能動性が必要とされることも明らかとなった。しかしここで先に問われていた問題に答えなければならない。それは救済における聴従の必要性あるいは救済における人間の受動的契機についてである。

3 真理は神に由来する

右で救済に関してわれわれは神の言葉を聞く必要があると言われたが、それはなぜであろうか。もし神あるいは啓示が存在しないとして、われわれは自ら自身によって救済の定義を規定し、その方法を案出し、それを実行し満足するのではいけないのだろうか。数々の哲学的思想は人間が生み出したもので、それによっても人は幸福な生を送ることができるのではないだろうか。このような問いに対し、トマスは「もし悪魔が語るなら、彼は虚偽を語る」（ヨハ八・四四）という聖句の解釈において、真理がどこに由来するかを考察している(6)。

ここで知るべきことは、たとえ虚偽を語るものが皆、自らに固有のものより語るのではないにしても、神を除いて固有のものより語る者は皆、虚偽を語るということである。しかるに神のみが固有のものより語ることによって真理を語るのである。というのも真理は知性の照明（illuminatio intellectus）だからである。しかるに神は光そのものであって、彼によってすべての人々は照らされるのである。ここからまた神は真理そのものであって、他の者は彼によって照らされるかぎりにおいてのみ真理を語るのである。それゆえアンブロシウスが言っているように、すべて真なるものは、それが誰によって言われようとも、聖霊に由来するものである。このようにして悪魔は固有のものより語るとき虚偽を語る。人間もまた固有のものより語るとき虚偽を語るが、しかし神から語るならばそのとき彼は真理を語るのである。しかるに神は真実な方であるが、しかしすべての人間は自らにおいてあるかぎり偽りの者である。しかし虚偽を語る人間が皆、固有のものより語るのではない。というのも彼はこれを時として他の者から受けとっているからである。それはたしかに真実な方である神からではなく、真理のうちに立たず最初に虚偽を考案した者から受けとっているのである。またそれゆえこの者のみが虚偽を語るとき固有のものより語っているのである。神は悪魔を迷わせる霊として預言者の間に混ぜ合わすことを許した。

以上から明らかなように、神以外のすべてのものは自らに固有のものより語るとき虚偽を語る。しかし神は真理のみを語るのであって、それは神が真理以外の何ものでもないからであり、他のものはこの神に照らされるかぎりにおいてのみ真理を語る。ここから明らかなことは、すべての真なることが神に由来し神を根源としていることである。われわれ人間は、もし真理を語りたければ、必ず神に依らなければならず、自分自身によってそれを作ろうとしたり、悪魔によって惑わされて虚偽を語ってはならない。真理は知性の照明であり、われわれはこの光を得ているか否かでわれわれから出てくる言葉や行為が真なるものであるか否かが決定される。霊的人間はすべてを判断するのであり、このような神に結ばれた人間から出てくるものはすべて真であり善である。救済において神に聞き従うことが必要であるのは、このような考えからであり、人間それ自体のうちにはいかなる完全性もないからである。神ではなく人間が主権を握り、その有用性や快適さのみが追求され、人間の力によって何でも得られ何でもできるという現代の風潮にあって、このような考え方は受け入れがたいものかもしれない。しかし真に人間本性を熟考しその救済を目指すのであれば、神の言葉に聴従するという受動的契機は以上のような理由から避けることのできないものであり、けっして真理に触れえない生の傲慢ではなく神の前にひざまずく謙遜によって、人間は完成に至るのである。

4　光としての神

以上の考察から、人間の救済は神に依り頼むことによっており、またそれは「聞くこと」と「学ぶこと」という人間の受動的契機と能動的契機から構成されていることが明らかとなった。ここでは人が救済へと至る一つの道として真理の認識に注目し、真理の光である神と人間知性との関係を問うてみたい。まずトマスは「私は世の

光である」（ヨハ八・一二）という聖句を解釈して、神が光であると言われるときそれが何を意味するかを説明している。(7)

しかるにアウグスティヌスが言うように、マニ教徒はこのことを誤って理解していた。というのも彼らの想像力は単に可感的なものに限られていたので、それゆえ彼らは知性的なものや霊的なものに自らを拡張することができなかったからである。すなわち彼らは自然界には物体的なものを超えていかなるものも存在しないと信じていたのであり、それゆえ彼らは神は物体でありある種の無限の光であると言っていたのであり、肉の目に見えるこの太陽を主なるキリストであると見なしていたのである。そしてこのことのゆえにキリストは「私は世の光である」と言ったのである。しかしこの見解は存立することができないのであり、カトリック教会はこの作り話を非難するのである。すなわちこの物体的な太陽は感覚が到達することのできる光であって、それゆえ知性のみがそれに達し、理性的被造物に固有の可知的光であるところの最高の光（suprema lux）ではない。ここでキリストはこの光について「私は世の光である」と言ったのである。この光について上で「彼は真の光であって、この世に来るすべての人々を照らす」（一・九）と言われている。

以上から明らかなように、マニ教徒は感覚性の次元のみを実在するものと見なし、それを超える知性的で霊的な秩序を認めなかったので、キリストを感覚で捉えられる無限の光、すなわち太陽と同一視していた。目に見え手に触れることのできるもののみを実在すると見なすことは、現代に生きるほとんどの人間にとって当てはまるのであり、知性的なものや霊的なものは、それが感覚によって捉えられないがゆえにただ思考上の存在であるとされるか、まったく退けられるかなのである。しかしトマスによれば、キリストは知性のみがそれに達する可知的な光であり、「私は世の光である」と言われているときに意味されているのはこの最高の光なのである。

しかるにこの可感的な光はかの可知的光のある種の像である。すなわち可感的なものはすべていわばある種の個別的なものであるが、しかし知性的なものはいわばある種の全体的なものである。しかるにちょうどこの個別的な光が、色を実際に可視的なものたらしめ、また見る者においてもそうする――というのもこの光によって目は見ることへと強められるからである――かぎりで、可視的な世界においてその効力を有しているように、かの可知的な光は知性を認識するものたらしめる（intellectum facit cognoscentem）のである。というのも理性的被造物の内なるいかなる光も、全体としてかの最高の光に由来するからである。上で「それはこの世に来るすべての人々を照らす」（一・九）と言われている。さらにかの可知的光は、それによって事物が認識されるところのものを有するすべての形相がそこに由来するかぎりで、すべての事物を実際に可知的なものたらしめる（facit res omnes actu intelligibiles）のであり、それは作品のすべての形相が職人の技術と理性に由来するのと同様である。主はすべてを知恵においてお造りになった。それゆえ「私は世の光である」と言われているのは正しい。すなわちキリストは造られた太陽ではなく、それによって太陽が造られたのである。しかしアウグスティヌスが言っているように、太陽を造った光は太陽の下で生じたのであり肉の覆いで包まれているが、それは隠されるためではなく和らげられるためであった。

感覚によって捉えられる太陽の光は、知性的実在であり最高の光であるキリストの像であるとされる。太陽が見る者を見ることへと強め、見られるものを実際に見られるものにするように、キリストは知性を照明することでそれを認識するものたらしめ、認識される事物に形相を与えることでそれを現実的に可知的なものにする。知性は最高の光によってのみその活動を遂行することができ、かの光がなければ認識は全体としてやむ。認識されるものは神の知恵にしたがってその形相を与えられなければ、いかなる規定をも持たず、可知的なものとはならない。このかぎりで知性による認識は最高の光であるキリストによって成立するものであり、われわれは認識の遂行においてキリストを暗黙的に前提とし、その働きを認め、それに与っている。われわれの認識の背後にあってそれを可能にしているキリストは、人間知性とすべての事物の創造主であり、知性を強め、事物を現実に存在せしめている。人間の認識がこの神の力のうちでのみ行われるとすれば、認識とは個別的事物の形象の獲得や概念の分離結合や推論作用といった目的を超えて、キリストに与ることそのものなのであり、何らかの仕方でキリストへと還ることなのである。このようにして人間の認識活動は神の存在へと関与するのであり、その存在と向き合い、そこから真理と価値を引き出す営為となる。人間は認識において神のうちに存在し休息しながら、神へと本質的な仕方で向上していくのであり、これが知性認識の意味であると考えられる。理性的存在者である人間は、事物の認識へと自然本性によって促されそれを遂行するが、さらにその活動は神の無限の存在に開かれたものであり、知性はそこへと到達し完成されることを目指す。このようにして知性認識は、人間全体に関わる営為となり、その完成は人間の救済そのものを意味するのである。以下においては、この光としての神について、それが人間の闇を追い払うという観点から考察したい。トマスは「私に従う者は暗闇の中を歩かず命の光を持つだろう」という聖句を解釈して、人間の闇とはいかなるものであるか、またキリストの光がわれわれ人間に生命を与えるものであることを示している。(8)

しかるに三つの闇があり、すなわち無知（ignorantia）の闇がある。知らず理解しなかったわれわれは闇のうちを歩く。この闇は理性によって暗くさせられているかぎりで理性に自体的に属するものである。さらに罪（culpa）の闇がある。われわれは以前暗闇であったが、今は主において光である。この闇は人間理性に自体的にではなく欲求の側から属するものであって、それは情念ないし習慣によって悪しき状態にある者が真の善ではないところのものを善として欲求するかぎりにおいてである。さらに永遠の断罪（damnatio aeterna）の闇がある。主は役に立たない僕を外の暗闇に追い出す。しかし最初の二つの闇はこの世の生におけるものであるのに対し、三つ目の闇は生の終局におけるものである。それゆえ「私に従う者は暗闇の中を歩かない」、すなわち無知の、というのもキリストは真理であるから。また罪の、というのも彼は道であるから。また永遠の断罪の、というのも彼は生命であるから。

われわれ人間には理性自体に属する無知の闇、欲求の側から理性に属する罪の闇、キリストの裁きにおける永遠の断罪の闇がある。たとえ自然や人間に関する知を有していても、救済に関する神の知を知らないことは無知であり、それは真理であるキリストによって解消される。ここで言われる神の知とは人間に対する神の愛のことであり、これは啓示によるものである。また人間は無秩序な情念や悪しき習慣によって見かけの善を真の善と見なし欲求するのであり、ここに罪が生じる。道であるキリストはその言葉と行いによってわれわれを罪から解放し救済へと導くのであり、主において光となった者は以前の罪深き言動を恥じ悔いるのである。以上の二つは途上つまりこの世の生におけるものであるが、最後の闇は最終的なものであり、キリストの生命からの永久的な追放であって、そこに回復の余地は残されていない。

またしたがって教えの成果が続けられている。すなわち「命の光を持つだろう」。というのもこの光を持つ者は断罪の闇の外にいるからである。しかるに「従う者は」と言われているのは以下の理由による。ちょうど闇において迷うことを欲しない者は皆、光を持っている者に従わなければならないように、救われたい者は皆、信じることと愛することによって、光であるところのキリストに従わなければならないのである。またこのようにして、使徒は彼に従ったのである。しかるに物体的な光は沈むことによって消えることがあるので、それに従う者が闇に陥るということが起こる。しかしこの光は沈むことがないのでけっして消えることがない。それゆえそれに従う者は消えない光（lumen indeficiens）、すなわち生命の光を持つのである。というのも可視的な光は生命を与えることはなく、物体的生の働きを外的に助けるが、しかしこの光は生命を与えるからである。なぜならわれわれは知性を有しているかぎりにおいて生きるのであるが、知性はかの光のある種の分有だからである（quia vivimus inquantum intellectum habemus, qui est quaedam participatio illius lucis）。しかるにかの光が完全に照りわたるとき、そのときわれわれは完全な生を持つであろう。神のもとには生命の泉がある。そして神の光のうちでわれわれは光を見るだろう。これはあたかも次のように言わんとするかのごとくである。われわれが生命そのものを完全な仕方で所有するのは、まさにその光を形象によって（per speciem）見るときである。それゆえ永遠の生命とは、唯一の真なる神であるあなたと、あなたの遣わしたイエス・キリストを知ることである。

ここで上に述べた三つの闇を追い払うためにキリストに従うべきであることが述べられている。キリストは闇を照らす光であって、この光は物体的な光とは違って、けっして沈むことはなく消えることもない。つまりこのキリストの光はたえずすべての被造物を照らし続けているのであって、その光を遮るのはわれわれの過失なのである。さらに物体的な光は事物を外的に助けるのみであるが、キリストの光はわれわれに内的生命を与えるものである。(9) なぜならトマスによれば、われわれは知性によって生きるのであり、そのかぎりで知性は人間に生命を与えるところのものであるが、この知性はキリストの光の分有だからである。ここで知性が人間を統制し生かす根源であると言われながら、それがさらに上級の光であるキリストの光を分有するものであるとされる点に注目すべきである。人間はもっとも高貴な能力である知性によって規定されるとき人間としての存在を全うすると同時に、キリストの光に与ることによって神に従属する。つまりここでトマスは、知性を中心として統合された理性的人間と神の前にへりくだりそこから恩恵を期待する人間とを総合的に捉え表現しているのであり、ここにおいてこれをキリスト教哲学と規定することは的確であろう。知性を人間の倫理的中心であるとしながら神の光を分有するものとしたことで、トマスはギリシア以来の哲学倫理思想とキリスト教との融合を図っていると考えられる。われわれの知性は人間を完成すると同時に神に対して開かれた能力なのである。さらにここで、キリストの光が完全に照りわたるときわれわれは生命を完全な仕方で所有するとされ、それは永遠の生命であって、知性を通じて成就されるところの人間の究極的完成であるとされる。このように見てくると、真理の認識によって成就されるわれわれの救済は、この世の生において知性によって神を分有することのうちにはじまり、将来の生において神を完全に所有することのうちに極まると言えよう。このように知性は人間の一能力でありながら、人間全体を完成し、神に関係づけるきわめて重要な役割を持っているのである。

5 Intrinsecum

これまでの考察はいかにして人間は救われるかという救済の方法に関するものであったが、最後に救済そのものである永遠の生命についてトマスの語るところに耳を傾けてみたい。トマスは「私のもとに来る者を私は外に追い出さない」（ヨハ六・三七）という聖句を解釈して、内奥のものについて語っている。(10)

すべて可視的なものは、霊的なものに比して、あたかもある種の外的なものであると言われるのであるから、あるものはそれがいっそう霊的になればなるほど、いっそう内奥のもの（intrinsecum）となるのである。それゆえ内奥のものには二種類のものがある。一つはもっとも深いもの、すなわち永遠の生命の喜び（gaudium vitae aeternae）である。それはアウグスティヌスによれば、より内奥のものであり、倦怠、悪しき思念の苦さ、誘惑と悲しみの妨害のない甘美な秘所である。また神は神の顔の秘められたところのうちに義人たちをを隠すだろう、すなわち神の本質の完全な直視のうちに。そしてこの内奥のものからは誰も追い出されないのである。神は勝利を得る者を生ける神の神殿の柱にするのであり、彼はもうけっして外に出ることはない。もう一つの内奥のものは良心の正しさ（rectitudo conscientiae）であり、それは霊的喜びである。私は私の家に入り安らおう。そしてここからはある者は追い出されるのである。

可視的な実在は人間にとって外的なものであると言われるが、それは人間の魂に内的に働きかけることがないからである。これに対し霊的なものは人間にとって内奥のものと呼ばれるのであり、それは人間の魂に直接関係している。トマスによればこの内奥のものに二つのものがあり、第一は永遠の生命の喜びであり、第二は良心の正しさである。第一のものは人間のもっとも深い喜びであり、その横溢であり、いかなる悪も受けつけない神の顕現である。人間がこの完全な喜びへと至るのは将来の生においてであるが、この永遠の生命という考え方の意味するところは「人間の到達すべきところは神である」ということに他ならない。この最終的目標からわれわれの現在の生は戦いの生、修練の生、神への道程となる。この世において試練や労苦を負わない者は、徳において完成されず、永遠の生命の意味を知ることもない。至福の反対が不幸であればこのような者は不幸であり、不幸とは通常考えられるように現世において時間的善が得られないことによるのではなく、人間にとって内奥のものを、神を知らないことによる。ここにおいて世で言われる幸福と不幸の関係は逆転するのであり、世の考え方はしばしば浅薄で転倒しており、幸福を幸福として不幸を不幸として認識できない結果となる。さてこのようにして得られる永遠の生命はもっとも内奥のものであり究極的なものであるから、そこに入った人間が再び追い出されることはありえない。これに対し人間の良心は、神の知恵とともにある場合人間を休息させる場所となるが、これはこの世の生におけるものであって、人はそこからしばしば罪によって追い出される。

結　語

以上の考察をもって、人間の救済はいかなるものであるか、特に人間知性の完成という観点から見た救済という問題に答えることができた。救済は宣教、良心と行為、教会、観想において神に固執することによってはじまるものであり、「聞くこと」と「学ぶこと」という二つの契機によって構成される。前者に関しては、われわれ人間は固有のものより語るとき虚偽を語るのであるから、真理に到達するためには神の言葉に聞き従うことが必要であり、これは救済における受動的契機であると言える。また後者に関しては、われわれは真理の認識、愛の情動、業の模倣において神の言葉を習得するのであり、これにはわれわれの側からの強い能動性が要求される。次いで真理の認識による人間の救済について詳しく考察される。われわれの知性認識はキリストの光に根拠づけられそのうちで遂行されるかぎり、認識において人間は神に与るのであり、知性は個別的対象の認識を通じて存在そのものである神に開かれている。さらにこのキリストの光は人間の無知、罪、永遠の断罪という三つの闇を追い払うものであり、人間は知性において自己を統制し完成すると同時に神に従属する。ここにギリシア以来の賢慮を中心とする倫理的人間像と愛と謙遜に特徴づけられるキリスト教的人間像が重ね合わせられ統合される。最後に救済そのものである永遠の生命が、現世におけるあらゆる不完全性を突破して人間本性の究極の充実を目指す理想として考察される。それによって人間としての真の幸福と不幸が浮き彫りにされ、キリストに倣い徳を完成しようとする生の深さと世に倣い時間的善を幸福の基準とする浅薄さとが対照させられる。われわれの救済は、そのような克己の精神を伴って神に向かって不断に自己を完成していくことのうちに見えてくる完全性であり、そのように生きる者にのみ開かれる究極の現実性である。神を無視し傲慢に物体的善のみを追求する者にとって、永遠の生命は宗教の作りだした迷妄であり、人間の救済は身体的次元を超えるものではない。

註

（1） Cf. *Ioannis Lectura*, n. 1390-93.

（2） 迫害について、グレゴリウスは次のように述べている。「もし人があなたたちを誹謗しても、ただ良心のみがあなたたちを守るのであれば、何か障害があり得るのだろうか。しかし、ちょうどわれわれがその熱意によって、誹謗する者が滅びないために、彼らの舌を刺激すべきではないように、われわれは功績を増し加えるために、彼らの悪意によって駆り立てられたところのものを平静に耐えるべきである」（*Catena aurea, In Matth.*, 5. 11-12）。人間を真に守るところのものが神に開かれた良心であるとすれば、迫害者からの誹謗は人間にとって外的なものであり、それ自体顧慮すべきものではないであろう。
また迫害が人間に報いを与える条件について、クリソストムスは次のように述べている。「もし水の杯を差し出す者がその報いを必ず受けとるとすれば、一つの最も取るに足らない言葉による侮辱を蒙った者もまた、それゆえ報いを欠くことはないであろう。侮辱された者が至福であるために、二つのことが必要である。すなわち、偽って侮辱されることと、神のために侮辱されることである。もし一つが欠けるなら、至福の報いはない」（*Ibid.*）。ここで注意すべきは、アウグスティヌスの言うように、次のような者には迫害の報いは与えられないということである。「すなわち、迫害や自分の恥ずべき評判について自慢し、自らがキリストに属していると主張する者たちがそれである。彼らについて多くの悪が語られるが、もしそれが真実ならば、それは彼らの過ちについて言われているのであるし、もし偽りが自慢されるのであれば、彼らはキリストのためにそれを蒙っているのではない」（*Ibid.*）。

（3） このことに関して、キュリロスは次のように述べている。「神の実体そのものからその御言が生まれ、それは時間の始まりなしに常に生む者とともに存在している。しかし最後の時に御言は肉となったのであるから、それは理性的魂を持った肉と一つになり、また肉的には女によって生まれたと言われるのである」（*Catena aurea, In Matth.*, 1. 18）。

このキリストの受肉あるいはマリアからの生誕の出来事について、アウグスティヌスは次のように詳しく説明している。「しかし神の子と人の子とは別であったのではなく、同じキリストであり、彼は神の子であり人の子であった。またちょうど一人の人間において魂と身体とが別のものであるように、神と人間の仲介者においても神の子と人の子とは別であったのであるが、しかし両者から一人の主なるキリストが存在したのである。私が〔神の子と人の子が〕別であるというのは実体の区別のためであり、別ではないというのはペルソナの一性のためである。しかし異端者は次のように言って非難する。私には、あなたたちがキリストは父とともに永遠であったと言いながら、いかにして時間より生まれたと教えるのか理解できない。というのも生まれることは、いわば生まれる前には存在しなかった事物のある種の運動であり、その働く事物は出生の恩恵によって存在するようになるからである。このことを熟考すれば、存在した者は生まれることができないし、またもし生まれることができたとしたら、その者は存在しなかったということになる。このことに対してアウグスティヌスは次のように答える。ちょうど多くの者が欲するように、われわれは次のように想像してみよう。すなわち世界のうちに、生まれたものとともに生じることのないような仕方で、言い表しがたい運動によってあらゆる種子を生かしている普遍的な魂が存在すると。もちろんこの魂は受動的質料をその使用へと形成するべく胎内に到来するとき、確かに同じ実体を有することのない事物の一なるペルソナを自分自身とともに生ぜしめる。そして働く魂とそれを受ける質料によって、二つの実体から一人の人間が生じるのであるが、それにもかかわらず魂と肉は別のものであると教えられるのである。このようにしてわれわれは、魂が胎内から生まれることを認めるのであり、胎内へ到来した魂が懐胎された者に生命を与えると言うのである。私はあえて言うが、そのうちに生まれることができる身体を母から自らにふさわしく作る者〔である普遍的魂〕が彼女から生まれると言われるのは、彼が生まれる以前には、彼自身に関するかぎり、まったく存在しなかったという理由によるのではない。それゆえこのようにして、よりいっそう理解しがたく精妙な仕方で、完全な人間を受けとることによって、単一なる全能によってすべての生まれたものにとって生まれることの原因であるところの神の子は、母から生まれたのである」(*Ibid.*, 1. 16)。ここでは、キリストにおける神性と人性の関係が、普遍的魂と肉との関係に比せられて説明されている。普遍的魂はそれ自体生まれることなく永遠のうちにあるが、すべての生命の原理として、言い表しがたい仕方で質料である肉を規定しペルソナとして成立させており、その限りで世界に関与し生まれてくるものに生命を付与している。キリストもまた、その神性においては永遠かつ非質料的でありながら、その人性においては乙女マリアから生まれた真の人間であり、両本性は実体においては区別されながらペルソナにおいては一である。このキリストの受肉によって、時間的なものに対して永遠性が開かれ、霊的なものが肉的なものを支配することができるようになり、究極的にはわれわれ人類によって不滅の生命が希望されうるのである。

（4） Cf. *Ioannis Lectura*, n. 946.

（5） Michael Sherwin, O. P. は、「聞くこと」と「学ぶこと」の関係を次のように説明している。「弟子たちは、御父の啓示の恩恵を通じて、御父がその子について啓示するところを聞くが、しかし彼らがこの意味するところを学ぶのは、意志による愛の同意を通じてのみである。言い換えると、信仰は知性を照らす賜物であるが、われわれが信仰の啓示するところを真に学ぶのは、愛という神の賜物において応答するときのみである。アクィナスはここで慎重に、信仰の行為における知と愛の均衡を保っている。知性によって聞くことは愛によって学ぶことを必要とする一方で、愛によって学ぶこともまた知性によって聞くことを必要とする」。Cf. Michael Sherwin, O. P., *Christ the Teacher in Commentary on the Gospel of John* in: Michael Dauphinais, Matthew Levering (ed.), *Reading John with St. Thomas Aquinas*, Catholic University of America Press, 2005, p. 176.

（6） Cf. *Ioannis Lectura*, n. 1250.

（7） Cf. *Ioannis Lectura*, n. 1142.

（8） Cf. *Ioannis Lectura*, n. 1144-45.

（9） Carlo Leget は、『ヨハネ福音書講解』における「生命」という語の用法について、次のように三つの意味に区別している。第一は何らかの仕方で自分自身を動かす能力を持ったすべての存在に、第二は人間の意志的で認識的な活動に、第三は、至福直観にそれぞれ関係づけられるものである。これら三つの意味に共通であるのは、「自己自身を動かす」ということであり、このことがより完全な仕方で実現されればされるほど、その実在はより充実した生命を有しているということができる。Cf. Carlo Leget, *The Concept of Life in the Commentary on St. John* in : Michael Dauphinais, Matthew Levering (ed.), *Reading John with St. Thomas Aquinas*, Catholic University of America Press, 2005, p. 154ff.

（10） Cf. *Ioannis Lectura*, n. 921.

第四章　礼　拝

Ⅸ　『ヨハネ福音書講解』における神の礼拝について

序

　本論で主題化される神の礼拝というテーマは、現代の日本に生きるわれわれにとって異質的なものに思われるだろう。というのも我が国はキリスト教国家でもなければ、現代はその科学的思考のゆえに容易に神の存在が否定されるような風潮にあるからである。しかるにトマス・アクィナスの生きた中世ヨーロッパにおいては、キリスト教の有する学問的・社会的影響力は甚大なものであり、神学は哲学を凌駕し、教皇の権力はしばしば皇帝に代表される世俗的権力をその支配下に置こうとした。このような現代日本と中世ヨーロッパとの間の時代状況の相違は、トマス・アクィナスの思想とわれわれの生活とを無関係なものと見なす十分な理由の一つに数えられるだろう。しかしトマス・アクィナスの思想は、現代日本に生きるわれわれによって、時代錯誤的であり顧慮するに値しないとか、宗教的色彩のゆえに関わるべきではないとかいう理由で、簡単に退けられてよいものなのだろうか。もし本論で考察される神の礼拝という問題が、中世ヨーロッパにおいても現代日本においても変わることのない人間本性をめぐるものであり、またわれわれ人間の一人ひとりがその様々な生活のもとで直面する本質的問題、すなわち究極的価値としての神、完全な至福、魂の完成、人格性などといった問題をそのうちに含むものであるとすれば、上の問いに対する答えは明白だろう。すなわち本論の神の礼拝というテーマは、時間と場所とを超えて人間存在の本来的あり方を追求するものであり、その考察はわれわれの人生における小さな悩みから大きな困難に至る様々な問題に対して規範的な意味を持つものである。それゆえ神の礼拝に関するトマス・アクィナスの考え方を現代日本において考察することは、すぐれて現代的であると同時に、その効力の側面からして普遍的であると言えるのである。本論では『ヨハネ福音書講解』の議論にしたがって、第一に祈り、第二に愛、第三に平和、第四に至福、第五に宣教、第六にキリストの勝利、第七に神の慈悲が考察される。

1　祈り

神の礼拝について考察する上でまず取り上げられるのは祈りである。われわれはこの祈りという言葉で何を把握しているだろうか。人が祈るという場合、そこではそれに向かって祈るところの祈りの対象、祈りそのものの内容、また祈りの方法が区別されるだろう。日常的な場面でわれわれは「先祖に熱心に家族の健康を祈る」などと言うが、その際祈りの対象は先祖であり、祈りの内容は健康であり、祈り方は熱心な仕方である。そして家族が健康であったならば、その祈りは聞き届けられたと見なされる。このような通俗的祈願に対し、キリスト教信仰で言われる祈りとはいったいいかなるものだろうか。本来祈りは何を対象とし、何を願うべきであり、どのように祈るべきなのか。ここでは「もしあなたたちが私の名において何かを父に願うならば、父はあなたたちにお与えになるだろう」（ヨハ一六・二三）という聖句に関するトマスの解釈にもとづいて、善き祈りの条件について考察したい(1)。

まず問われるべきは何を祈り求めるべきかである。トマスによれば、「もし何かを」という聖句によって、霊的善（bona spiritualia）が求められるべきであることが示されている。通常の祈願の内容である健康や富裕や栄達などは、この世の生を目的とし、それ自体は時間的で相対的な性格を有している。たとえば富はこの世の生を生きる上で、それによって食料、衣類、住居を得、身体の生命を維持するために求められる手段であり、それ自体を目的とすることは人間精神の転倒したあり方を意味する。トマスによれば、これらの時間的善ないし地上的なものは、たとえそれが何かしらの観点から価値を含むものであるにしても、霊的善に比すれば無である。知恵に比すれば富は無とみなされるだろうし、地を見ればそれは空虚で、そこに求めるものは何もないとされる。このような考えは時間的善の不完全性あるいは虚無性に対する深い洞察を含むものであり、人間として求めるべきものが本来この地上的な次元にではなく、霊的な次元に存在することを示している。(2)「われわれが両親から生まれることは、もしわれわれが再び水と霊によって神から生まれることがなければ無意味である(3)」というクリソストムスの言葉は、われわれ人間本性の霊的性格と地上性の徹底した相対化を訴えるものであり、ここからして人間は、地上的なものをすべて無となしても本質的な意味で堕落することがなく、霊性の高さに留まることができる存在であるとされる。

しかし反対に、主は「マタイ福音書」六章で時間的なものを求めるように教え、「われわれの日々のパンを」と言っている。主が日々の糧を祈り求めるようわれわれに勧めていることと、上述されたように、祈りにおいては時間的な善ではなく霊的善を求めるべきであることは矛盾しているように見える。この疑問に対してはトマスにしたがって、時間的なものは霊的なものに関係づけて求められるならば、もはや何らか価値のあるものであると答えられるだろう。身体や感覚的なものは精神や霊的なものに奉仕するかぎりで善であり、求められる秩序が毀損されないならば、許容されるものである。たとえば遊びとしての舞踏は魂が厳しい労苦によって破壊されてしまわないために享受して差し支えないものであるし、食欲や性欲はそれが理性によって統制されているならば人間本性に備わる善性に他ならない。いずれにせよ祈りにおいて第一義的に求められるべきものは霊的善であり、それに秩序づけられているかぎりで、あるいはその相のもとに時間的善を求めることは正しいことなのである。

善き祈りの第二の条件は、「あなたたちが求めるならば」と言われているときに示されており、それは忍耐（perseverantia）をもってなされることである。ここで言われる忍耐とは、祈りの行為の終局に至るまで持続的に祈り続けることを意味している(4)。つまり祈りは途中で放棄されてはならず、やむことなく最後まで行われなければならないものであり、その限りで信仰や希望や愛のように、それが直接人間の究極目的に関わるものであるところから、全生涯を通じて死に至るまで堅持されなければならない精神の習慣であると言えよう(5)。ここから明らかになるのは、キリスト教的な祈りが祈りによって得られる時間的善のためではなく、人間本性そのものに関わり、その完成を目指す営みであるということである(6)。人間は時間的なものよりも神に対して開かれている存在であり、忍耐強く祈ることはそのような本性の要求を表していると考えられる。

第三の条件は協調（concordia）をもってなされることであり、これは「あなたたちが求めるならば」と複数形で言われているときに示されている。協調とは様々な人々の心の意志が同時に一つの合意において一致しているときに言われるものであり(7)、もしわれわれのうちの二人が心を一つにして求めるならば、いかなることであれ天におられる父がかなえてくださるのである(8)。キリスト教的な祈りにおいて協調が求められることは、祈りにおいて隣人愛が必要とされることを含意している。なぜならわれわれは協調において隣人の心の意図や願いを受け入れ、隣人に対する愛によって共に祈ることを求めるからである。

では第四にわれわれはどのような感情あるいは愛情によって神に祈るべきなのだろうか。これは「父に」と言われているときに示されており、キリスト教的な祈りは子的愛情（affectus filialis）からなされるべきであるとされる。恐れからして何かを求める者は父にではなく、主人や敵に求める者だからである。人間である父が自分の子どもに善きものを与えることをその自然本性より知っているなら、なおさら天におられるわれわれの父は個々の人間に対する摂理よりして求める者に善きものを与えるとされる。このようにして祈りにおいては祈りの対象に対する感情の統制が必要であり、われわれは神を自らの父としてその好意を信頼し、その愛情のうちで自己の願いを伝えるのである。

第五の条件は敬虔（pietas）、すなわち謙遜（humilitas）とともになされることであるが、謙遜とは本来いかなるものであろうか。謙遜とは人間が自己に固有の欠陥を考慮して自分自身を高く上げないことであり[9]、特殊な徳としては主として神に対する人間の従属、さらに神のために他の人間に対しても謙遜して自らを従属させることを意味する[10]。主は謙遜な人々に恩恵を与え、彼らの祈りを顧みるのであり、祈りが聞き届けられないのは悪しき仕方で求めているからであるとされる。しかしここで疑問が起こる。善き祈りは本当に聞き届けられるのだろうか。われわれはしばしば祈り求めてもそれがかなえられないことを経験するからである。この問いに対しては、聖句において「私の名において」と言われていることに注目すべきであり、トマスは別の箇所でこの問題を詳しく検討している。

しかし「あなたたちが求めるものは何でも、私がかなえてあげよう」（ヨハ一四・一三）と言われているのはどうしてであろうか。というのもわれわれは彼を信じる者が求めても得られないことを見るからである。しかるにアウグスティヌスによると、ここで第一に考察されるべきは「私の名において」と言われていることである……すなわちキリストの名とは救済の名である。「あなたは彼の名をイエスと呼ぶだろう。というのも彼は自分の民を罪から救うからである」（マタ一・二一）。それゆえ救済に属する何らかのものを求める者がキリストの名において求める者である。しかるにある者が救済に属さないものを求めることは二つの仕方で起こる。すなわち歪んだ愛情（affectio prava）からである。たとえばある者は自分が好むものを求めるが、もしそれを所有したら彼の救済が妨げられる場合である。それゆえこのような仕方で求める者は悪しき仕方で求めているため聞き届けられないのである……すなわちある者が歪んだ愛情から、手に入れることを欲するものを悪しき仕方で使用するであろうとき、憐れみ深い主からむしろそれを受けとらないのである。というのも主は祈願に対してではなくよりいっそうの有用性に対して聞き届けるからである。すなわち善き主はわれわれが求めるものをしばしば拒絶するが、その結果彼はわれわれがよりいっそう好むものを与えるのである。第二に無知（ignorantia）からである。これは時としてある者が自らに有益であると信じながら、しかし有益ではないものを求める場合である。しかしこれらの者をむしろ配慮すればこそ、神は彼らが求めるものを与えないのである。すなわちすべての者より多く働いたパウロは、三度主に肉の苦痛を彼から取り去るように求めたが、しかし彼が求めたことは達成されなかった。というのもそれは彼にとって有益ではなかったからである（IIコリ一二・八）。「というのもわれわれは何を祈るべきかを知りませんが、霊自らがわれわれのために言葉にならないうめきをもって執り成してくださるからです」（ロマ八・二六）……それゆえわれわれが彼、すなわちイエス・キリストの名において求めるとき、彼はこれをかなえてくださるのである。(11)

以上の考察から明らかなように、祈りが聞き届けられないことは人間の救済に属するものを求めないというわれわれの側の過失によって起こる。第一に歪んだ愛情よりして自らの欲するものを悪用するような場合であり、たとえば過度の性欲を満たすために女性を弄ぶ男、権力を乱用する支配者などがこれに相当するだろう。時間的なものは霊的なものに秩序づけられ、われわれの救済に役立つように用いることがなければ、自由意志を悪へと向かわせる誘因となり、それ自体醜悪であり、われわれの生を浅薄なものに変える。このような場合、神はわれわれの救済を配慮して、われわれの祈り求めるところのもの与えないのであり、よりいっそう有益なものを与えるのである。第二はわれわれの無知によるものである。時としてわれわれはある事柄を自らに有益であると考えて祈り求めるが、それが実際は有益ではない場合、神はそれを与えないのである。たとえばある人が仕事の成功を求める場合、その成功が魂の高慢をもたらし、さらなる富や名誉などの時間的善の追求に至るかぎりで、それは救済に反する営みとなる。それゆえ神はある人々に時間的善を与えないことによって、その魂を謙遜に保ち、その愛を霊的善へと駆り立て、救済へと導くのである。たとえ人間である彼らにとって、神による自らの祈り求めるところのものの拒絶が、自らの救済に役立つことであると理解できないとしても。以上のように、歪んだ愛情ないし無知という二つの原因で、われわれが自らの救済に属するものを祈り求めないことが起こるのであり、このような場合究極的には、われわれよりも知恵に満ちた聖霊がわれわれの言葉にならないうめきを執り成してくださるとされる。神は個々の人間に対する深い摂理を有しているので、もし各人が善き仕方で祈り求めるならば、彼の救済に必要なものは必ず与えられるとしなければならない。祈りに関するこのような現実解釈はきわめて慎重にして精妙な考え方であって、一朝一夕に理解できるものではないだろう。祈り求めるものが得られないというしばしば経験される事態は、祈りの効力に対する懐疑や祈りに対する熱意の喪失を容易に招くと考えられるが、そういった事態に対しても神のわれわれに対する愛を信頼して、その深い意味を観想しなければならないのである。

善き祈りの第六の条件は然るべき時（tempus debitum）に与えられることであり、それゆえ「与えるだろう」と言われている。われわれは祈り求めるものがある時に得られないと、その祈りは聞き届けられなかったとして祈ることをやめてしまう場合がある。しかし神はその人間に関するすべての事情を勘案して、たとえ彼が祈り求めた時からすれば延期されるとしても、祈り求めるものを適切な時に与えるのである。神は時機を見て人間の救済の業を行われるのであり、現在のうちにあって過去にとらわれ未来を予測できずに過ごすわれわれ人間とは異なって、過去、現在、未来の出来事を永遠性において把握している神は、その確実な知にもとづいて人間の出来事を時間のうちに配置し統帥しているのである。

第七は自分自身のために（pro se）祈ることであり、それゆえ「あなたたちに」と言われている。というのも時としてその者のために祈っている者たちの過失によって、祈りが聞き届けられないことがあるからである。たとえば神を無視して自己中心的な欲望を追求する民族は、たとえ預言者や聖人によって彼らのために祈りが捧げられようとも、神によって顧みられることがない。それゆえわれわれは祈りを成就させるために、自分自身のために祈るべきである。しかしこのこと、すなわち他の人々のためではなく自分自身のためにのみ祈ることは善き祈りの第三の条件であった他の人々との協調というモメント、ひいては隣人愛の掟を無視するかのように思われる。なぜなら他者を愛することは彼にとっての善を願うことであり、これはそのまま他者のためにその救済を祈り求めることと同じだからである。この疑問に対しては、そもそも善き祈りにおいて協調が成立するのは神を愛する者の間でのみ可能であると答えられるだろう。世を愛し神に敵対する人々と協調することは神を捨てることであり、そのような同意のうちでなされる祈願は世俗的なものであってキリスト教的な祈りとは関係のないものである。したがってここでトマスが自分自身のために祈るべきであると言うとき、それは神に敵対する他の者のために祈ってはならないということであって、そのような祈りは他の者たちの過失によって成就しないのである。以上述べた七つの条件、すなわち霊的善を求めること、忍耐、協調、子的愛情、謙遜をもって行うこと、然るべき時に与えられること、自分自身のために祈ることによって、キリスト教的な祈りは通俗的な祈願から区別される。祈りの対象は先祖や特定の人物ではなく神であり、祈りの内容は自己中心的な愛による時間的な善の追求ではなくすべての地上性を脱した霊的善であり、祈りの方法は、「キリストの名において」、謙遜の精神で忍耐強く、他の人々と協調して、子的愛情から祈り求めることである。このような規定をすべて満たすことによって祈りは完成され、(12) 善きものを与えようとする神の愛は祈り求める者の精神に現前し、彼は霊的善とそれに秩序づけられた時間的善とを享受することを通じて神を愛し返し、本性のさらなる完成を目指すのである。

2 愛

「キリストの紋章は愛の紋章である」(insignia Christi sunt insignia caritatis)(13) という言葉から明らかなように、愛はキリスト者のもっとも大きな特徴であり、神の礼拝について考察する上で不可欠の要素である。もしわれわれが互いに愛し合うならば、このことにおいてすべての者はわれわれをキリストの弟子であると見なすのであり、愛はそれほどまでに特異なものであるとされる。なぜなら原罪によって人間の自由意志は毀損されているため、神や隣人を愛することは自然本性の次元においては実現できず、神の恩恵の助けがなければ不可能だからである。人間はその自然的状態において自己中心的な愛に囚われており、他人を犠牲にしてまでも時間的善を自らのために獲得しようと奔走する。そのようにして獲得された相対的善によって自己を理解し、さらにそれを増やし、他人に優越し、自己を拡大しようとする世俗的人間像は、人間本性が本来内的な徳をもって完成されるべきものであり、無制約的善である神に開かれたものであるという認識を欠いている。したがってここで考察される愛は、人間が種々の相対的価値によって囚われたあり方から脱して、神と隣人を愛するというより完全で自由なあり方への可能性として捉えなおすことができる。そのかぎりで愛とは人間の可能性そのものであり、世俗性に堕したこの世界における希望であると考えられる。

（1）　愛そのもの

ここではまず愛そのものについて、「互いに愛し合いなさい、これが私の掟である」（ヨハ一五・一二）という聖句の解釈にしたがって考察したい[14]。愛とはそれ自体においていったいいかなるものであろうか。

主が遵守されることを欲して提示した掟は愛の掟である。しかしまず問われるのは、聖書のうちには、殺すな、姦淫するななど主による他の多くの掟があるのであるから、なぜ主が愛の遵守だけを自らの掟であると言ったのかということである。これに対してはグレゴリウスにしたがって、愛はすべての徳の根源にして目的である（caritas est radix et finis omnium virtutum）と言わねばならない。愛がすべての徳の根源であるのは、人間の心のうちで確立された愛から人は他のすべての掟を満たすように動かされるからである。たとえば愛を有する者は、殺すこともなければ姦淫することもなく、このようにして律法を全うすることになる。つまりすべての掟は、いわば人が隣人を親切にし嫌に思うことをしないということへ秩序づけられているのであり、このことはとりわけ愛から生ずるのである。このかぎりで愛はそこからすべての徳が生じる原因であり、愛がなければいかなる徳もその形相を獲得しないとされる。しかるに愛がすべての徳の目的であるのは、すべての掟が愛に秩序づけられ、ただ愛のうちにのみ堅固にされるからである。掟の目的は愛であり、聖書のうちにある他の多くの掟を遵守することはそれによってこの愛に到達することを意図するものである。それゆえ「互いに愛し合いなさい、これが私の掟である」と言われているのは、あたかも根源としての愛からすべての徳が発出し、目的としての愛においてすべての徳が秩序づけられているかのごとくである。というのもグレゴリウスが言うように、木の多くの枝が一つの根から出ているように、多くの徳もまた一つの根源から生ずるからであり、もし愛という根のうちに留まらないならば、善き業と言う枝はいかなる活力をも持たないからである。このように、人間にとって愛はすべての徳を支える中心的な精神的価値であり、そこから徳の行為をなし、そこへと徳の行為を向かわせることで、愛によってすべての徳に意味が与えられ、互いに結合され、統一的な人格が実現される。その限りで、ここで主が愛の掟のみを遵守すべきものとして挙げていることは妥当であり、他の掟はこの愛の掟の内実に含まれているのである。

「互いに愛し合いなさい、これが私の掟である」と言われていることに関して、さらに次の問いが提起される。すなわち「マタイ福音書」二二章四〇節には、律法と預言者は神への愛のみならず隣人への愛のうちにもまた基づいていると言われているのであるが、ここで隣人への愛についてのみ言及されているのはどうしてであろうか。これに対しては一方は他方のうちに含まれていると答えなければならない。すなわち神を愛する者は必ず隣人と神に属するところのものを愛し、また隣人を神のために愛する者は必ず神を愛するのである。というのもたとえ愛の対象は異なっているにしても、愛のその働きは結果として一つだからである。神への愛と隣人への愛は互いに異なるものではなく、一つの愛であり、その愛を有する者は神と隣人を愛する。神への愛は隣人への愛を含み、隣人への愛は神への愛を含む。したがってここで隣人への愛についてのみ言及されているからといって神への愛が排除されているわけではなく、むしろ両者を一つの愛において愛することが勧められているのである。

しかしトマスによれば、ここで神への愛よりもむしろ隣人への愛について言及されているには二つの理由がある。すなわちこのことにおいて主は弟子たちを導いているのであるが、一つはいかにして彼らが隣人を支えるかに関してであり、もう一つは彼らが迫害者の艱難に耐えるよう強くなることに関してである。両者に対して隣人への愛は必要である。キリストの弟子たちはこの隣人愛の掟によって、隣人を支える基礎を見出し、さらに迫害者の艱難に対しキリスト者として結託し互いに励まし合うことでそれに打ち勝つのである。

以上の考察よりして、キリスト教的な愛が人間のうちで諸徳との関連においていかなる位置に立つものであるか、隣人愛と神への愛がその働きにおいて一致すること、隣人愛が果たす役割が明らかとなった。人間の有する徳の内的働きと業の外的働きとを生み出し、統制し、それらに目的を与えるのが愛であり、人間は神と隣人への愛ゆえに活力を得、堅固となり、善き業を行う。その限りで愛はキリスト教的人間の支柱であり拠りどころであると言える。さらに言えば、すべての徳が愛のうちに含まれそこにおいてのみ存立しうるとすれば、人間の価値とは端的に言って愛に存するのではないだろうか。すべての身体性や感覚性の次元を超えて、理性的魂のうちに立ち帰り、そこに存する諸徳の収斂するところを愛のうちに捉えた人間は、この愛こそをすべての精神的で本質的な価値の源泉と見なすだろう。神と隣人を愛することが聖書のもっとも重要な掟であることはこのような根拠づけを有するのであり、人間の価値はこの愛に集約されると考えられる。

（2）　隣人愛

右で愛そのものについて基本的な考えが明らかにされたので、次いで隣人愛についてその掟のより詳しい規定を見ていきたい(15)。われわれはどのような仕方で隣人を愛すべきなのか。トマスによれば、このことはキリストがわれわれを愛するという範例によって明らかになる。しかるにキリストはわれわれを秩序のもとに（ordinate）、また強力に（efficaciter）愛した。秩序のもとにとは、キリストがわれわれにおいて神以外のいかなるものをも愛することなく、また神への秩序において愛したからである。しかるに強力にとは、キリストがわれわれのために自分自身を与えるほどに愛したからである。キリストはわれわれを愛して、自分自身をよい香りの供え物、すなわちいけにえとして神に捧げたのである。それゆえわれわれは、隣人を聖なる仕方で善へと、また業によって愛を示すほどに強力に愛さなければならない。われわれは言葉や舌によってではなく、業と真理によって愛し合うのである。すなわちわれわれが隣人を愛するとき、第一にそれは善である神に向けてなのであり、つまりわれわれは隣人を善性において保つのであり、(16) そこにおいて愛されているのは神に他ならないのである。第二に隣人愛は言葉や口舌にのみよるものであってはならず、われわれは業によってその愛を堅固なものとし、キリストがわれわれのために死んでくださったように、強力に愛し合うのである。

友のために自らの命を捨てること、これ以上に大きな愛はないという言葉は愛の強力さを示すものであり、それは友のために死を許容することであり、これはもっとも大きな愛のしるしである。しかしこれに対して次のように反論されるだろう。キリストが行ったように、より大きな愛のしるしはある者が自らの命を敵のために捨てるときに言われるものである。なぜならキリストは、われわれがまだ罪人であったときにわれわれのために死ぬことによって、われわれに対する自らの愛を示されたからである。この反論に対してトマスは次のように答えている。

これに対しては次のように言わねばならない。キリストは自らの命を敵であるわれわれのために、すなわちわれわれが敵として留まるために捨てたのでなく、われわれを友とするために捨てたのである。たとえ愛する者としての友でなくとも、しかし愛される者として友なのである。しかるに友のために命を捨てることがもっとも大きな愛のしるしであることは明らかであり、以下がその理由である。愛されうるものの秩序において四つのものが秩序づけられている。すなわち神、われわれの魂、隣人、われわれの身体である。そしてわれわれは神をわれわれ自身と隣人を超えて愛さなければならないのであり、われわれは神のためにわれわれ自身、すなわち魂と身体と隣人を与えるほどにそうしなければならないのである。しかるにわれわれの魂のために身体を捨てることは魂を与えることではない。しかしわれわれは隣人に対してその救済のために、身体の生命と身体を捨てなければならない。またそれゆえ身体の生命はわれわれが魂に次いで有する最も重要なものであるので、それを隣人のために捨てることは重大なことであり、より大きい愛のしるしである。(17)

キリストは、それ自体非存在である悪に執着し神に敵対するわれわれのために命を捨てたのではなく、われわれが存在そのものである神によって満たされ、善性を実現するために、そのかぎりで自らの友のために命を捨てたのである。われわれの人間本性は原罪によって堕落せしめられているので、キリストの受肉と死によって人間が霊的存在であり、神を受け入れるものであるという事実が回復させられなければならなかった。アウグスティヌスが述べるように、「罪なくして血が注がれたとき、それによって以前人間が悪魔によって縛られていたところのあらゆる罪の証文が抹消された」(18)のであり、このような無条件的な神の愛ないし憐みによって、われわれは罪から解放され、究極的には魂の死から救われるのである。したがってキリストは、その恵みによってわれわれの魂を悪から善へと死から生へと転向させることで、われわれを自らの友とし、友愛を成立させる。神とわれわれの間に愛の交わりが存するのは、ひとえにキリストがその命を捨ててわれわれを強力に愛したからである。

しかしこのような愛はわれわれの側から見ればどのような秩序を持っているだろうか。トマスによれば愛されるものには順序があり、第一に神、第二に自らの魂、第三に隣人、第四に自らの身体である。まずわれわれは自らの身体よりも隣人を愛すべきである。隣人の救済のためになされる業は自らの身体を維持することよりも優先され、隣人を愛することは自らの身体を犠牲にすることを正当化するものである。

次にわれわれは隣人よりも自らの魂を愛すべきであるとされる。自らの魂を犠牲にしては、つまり魂の悪しき状態においては、真に隣人を愛すことができないばかりか、おそらくは隣人に害を与えることになるだろう。悪しき本性から出てくる業は悪しきものであり、その悪によって隣人は堕落せしめられるからである。とりわけ恋愛や家族愛などにおいて、自らの魂を犠牲にしてまでも他者に没頭することが見られるが、これは理性的存在である人間の自己規定の能力を放棄するものであり、その愛は感覚的にして盲目的であり、真に隣人を愛しているようでいて、悪しき仕方で自己の欲望を満足させているに過ぎない。キリスト教的な真の愛は、われわれが隣人のために自らの身体を犠牲にすることは教えても、けっして自らの魂を売り渡すようなことを勧めはしないのであり、人間相互の人格的尊敬を欠いた愛の交わりは成熟した人間を満足させず、その結果はしばしば不毛に終わる。

では自らの魂を愛することとはいかなることだろうか。それは罪をなさず善に励むことであり、自らの身体性ではなく精神性を重視することであり、徳によって人格を形成することである。すべての動物と異なって人間は理性と意志を有しており、自然必然性によってではなく自由なる選択によって行為する。このような個々の倫理的選択によって人間の魂のうちには賢慮、剛毅、節制、正義などといった善き習慣が生まれ、それは徳として尊重される。人間はこの徳によって精神的な装いを得るのであり、内的にして本質的な美は徳のうちに現れ出る。

このような徳ある人間を支えているのは、人間は物質的存在ではなく精神的存在であり、精神性の次元こそが追求に値するという確信である。徳性や学問というものの美しさは、修練や研鑽を重ねた者にのみ開かれてくる不可視の価値であり、身体性や感覚性の次元の美とは異なってそれ自体深い充実を含んでおり、人間を真の意味で満足させるものである。

しかしトマスによると、人間はこのような精神的豊かさを含む自らの魂よりも神を愛すべきなのであり、われわれ自身と隣人を超えて神に向かうべきなのである。神は存在そのもの、無限の善性であり、人格や知性の究極的完成である。このような無制約的価値に対して、人間はその精神のすべてをあげてたえず自己を超出していくのであり、神はわれわれによって没我的に愛される。われわれは神への愛のためにすべてを捨てたパウロのように、神のために自らの魂と身体、隣人のすべてを与えるべきであるが、それは自己の完成のためであり、永遠の生命へと参入し、神を見るためである。神を見ることはわれわれ人間の究極目的にして完全な至福であり、将来の生にまで延期されるほどに十全な境地であって[19]、それが人間の生を決定づけることはまったく正しいことである。

先ほどの問いに帰れば、友のために命を捨てることは、人間にとって身体の生命が魂に次いで重要なものであるところから、重大なことであり、もっとも大きな愛のしるしである。以上の考察から明らかなように、われわれはキリストがわれわれを愛したように、隣人を愛すべきであり、そこで注目されることは愛の秩序と強力さ、すなわち神に向けて愛することと身体を捨ててまでも愛することである。このようにして隣人愛の詳しい規定が確認されたが、次に補完的に欲望の愛（amor concupiscentiae）と友情の愛（amor amicitiae）の区別を考察することで、さらに隣人愛の特徴を示したい[20]。

トマスによれば、愛には二つのもの、すなわち欲望の愛と友情の愛があり、それらは異なっている。というのも欲望の愛においてわれわれは、われわれにとって外的であるものをわれわれ自身へと引き寄せるのであるが、それはわれわれがこの愛によって、それらが有用で快適なものであるかぎりにおいて、他のものを愛するからである。たとえばわれわれは酒や馬を、それによって快楽を得、自らにとって有用である限りにおいて愛するのであり、これらはわれわれにとって外的なものであり、内的精神性には関わらない価値なのである。しかし友情の愛において事態は反対であり、というのもわれわれはわれわれ自身をわれわれの外部にあるものへと引くのであるが、それはわれわれがこの愛によって愛する人々に対して持つ関係が、われわれ自身に対する関係と同じだからであり、われわれは彼らにある意味で自分自身を伝えるのである。友情の愛においては欲望の愛とは異なって、個別的善を自分自身へと引くのではなく、むしろわれわれは自分自身から愛する者へと出て行くのであり、相手を自分自身と同じように扱い、自分自身を相手に反映させるのである。それゆえ友情の愛において類似性は愛の原因であり、というのもわれわれはある者と一つであるかぎりにおいてその者を愛するからである。しかるに類似性はある種の一性である。たとえば徳ある人間同士の愛はお互いの徳の類似性にもとづいて成立するのであり、相手のうちに自分自身を、自分自身のうちに相手を認め、両者は徳という類似性において一致しているのである。しかし欲望の愛においては、有用なものであれ、快適なものであれ、類似性は分離ないし憎しみの原因である。というのもこの愛によって私がある者を愛するのは、彼が私にとって有用で快適であるかぎりにおいてであるため、私は有用さと快適さを妨げるものは何であれ、対立するものとして憎むからである。またここから傲慢な者は、ある者が他の者が愛しそこにおいて喜ぶ誉れを自分のものとするかぎりで互いに争うのであり、陶工もまた、ある者が他の者が自らのために欲していた利益を自分の方へ引くかぎりで互いに争うのである。すなわちこのことは欲望の愛によって愛されたすべての時間善について当てはまるだろう。富、名誉、快楽などは霊的善に関係づけられて求められずそれ自体が目的化されると、かつもし多数の者が類似のものを求めるとすれば、その時ある者の欲望は別の者の欲望とぶつかり、ある者が手に入れた善は別の者の手には入らず、そこに争いや嫉妬が起こることは必然だからである。このようにして欲望の愛にもとづく愛の営みは表面的で長続きせず、容易に分離を生んでしまうのである。

しかし知るべきことは、欲望の愛が欲望の対象にではなく、欲望する者に属することである。このことのために、すでに述べられたように、人はこの愛によってある者を彼が自らにとって有用であるかぎりにおいて愛するのである。またそれゆえこのことにおいて彼は、自らが愛する者よりも自分自身を愛しているのであり、それはちょうど自らにとって快適であるという理由でぶどう酒を愛する者が、ぶどう酒よりもむしろ自分自身を愛しているのと同様である。しかし友情の愛は愛する者よりもむしろ愛されるものに属するのであり、それは彼が愛する者そのもののためにではなく愛されるものそのもののために、ある者を愛しているからである。欲望の愛によって人は、実のところ愛の対象ではなく自分自身を愛しているのであり、愛の対象そのものの善性は気にかけていない。それに対し、友情の愛は愛する者のために彼の善を望むのであり、その限りで愛の対象そのものを愛しており、そのとき自分自身の欲望は顧みられていない。この議論が重要であるのは、本節の導入部分でも述べたように、自己中心的な愛の不完全性から抜け出しキリスト教的な愛の完全性へと移行することがわれわれ人間の救済に深く関わっているからである。われわれが日常的に遭遇する人間の不完全性に由来する問題、すなわち所有欲や独占欲、嫉妬、他者に優越したいという欲望、世俗性などといった魂の歪みは、ここで言う欲望の愛から出てくるものであり、その愛のあり方を変えることがなければ、生涯人間を悪しき仕方で苦しめる問題である。

しかしわれわれは自己中心的な欲望の愛から抜け出し、隣人を救済へと愛することのできる友情の愛をも持つことができる。友情の愛においてその愛は自己ではなく愛する隣人に属するものであるため、そこには自己閉鎖的な欲望の追求、諸善の私物化ではなく、開かれた愛の共有、相互的愛の交流がある。ところでこのテーマは人間の自由にも深く関わるものであるので、最後に愛における自由と啓示について考察したい。

（3） 神との友愛

トマスは「私はもはやあなたたちを奴隷と呼ばない。奴隷はその主人が何をしているか知らないからである」（ヨハ一五・一五）の聖句を解釈して、愛における自由と啓示について考察している。(21)

しかるに奴隷であることは友愛に対立する。それゆえ主は第一に奴隷であることを排除して「私はもはやあなたたちを奴隷と呼ばない」と言っているが、それはあたかも次のことを言わんとするかのようである。たとえかつてあなたたちは律法のもとに奴隷のようであったにしても、今は恩恵のもとに自由人のようである。われわれは恐れにおいて奴隷の霊を受けたのではなく、神の養子にする霊を受けたのである。

第二にその理由が続けられ、「奴隷はその主人が何をしているか知らないからである」と言われている。というのも奴隷はあたかも主人から外にある者とされているのであり、奴隷はいつまでも家に留まらない。しかるに外部の者に秘密を打ち明けるべきではない。それゆえ今、奴隷に秘密を打ち明けるべきではない。

しかしここで疑問が起こる。ちょうど「イエス・キリストの奴隷、使徒パウロ」（ロマ一・一）と言われているように、使徒たち自身が自らをキリストの奴隷と言い、ダビデもまた「私はあなたの奴隷である」（詩一一八・一二五）と言い、さらに「よくやった、忠実な善き僕だ……あなたの主の喜びへ入りなさい」（マタ二五・二一三）と言われているように、彼らは永遠の生命に招かれるはずの人々であるのに、どうしてここで主は「私はもはやあなたたちを奴隷と呼ばない」と言っているのであろうか。

このことに関してさらに疑問が起こる。というのも主人たちはしばしば自分の奴隷に秘密を打ち明けており、「神はその秘密を自らの僕である預言者に啓示することなしには何事もなされない」(アモ三・七)とあるように、神もまたそうしているのであるから、ここで「奴隷はその主人が何をしているか知らない」と言われているのは真実ではないように思われる。

第一の疑問に対しては次のように答えられるだろう。奴隷であることは本来的に恐れから作られるが、恐れには二つのものがあり、一つは奴隷的恐れであり、愛はこれを追い出す。もう一つは子的恐れであり、これは愛から生ずるが、この恐れによってわれわれは自らが愛するところのものの消滅を恐れる。これは神に結ばれた人間が神を失うことを恐れる場合、ないし神への崇敬によって自らを神に比することを避ける場合に言われる。というのもわれわれは信仰によって神が無限で最高の善であることを知っており、この神から離されることは最悪であり、神と同等であろうと欲することは悪だからである(22)。この恐れは善き敬虔なものであって、主への恐れは聖なるものであり世々にわたって存続するとされる。以上よりして奴隷であることには二種類があり、一つは子的恐れから発出するものであり、これにしたがって奴隷は皆ただしく神の子なのである。もう一つは罰の恐れから発出するものであり、これは愛に対立する。それゆえこの仕方で奴隷であることについて、主は「私はもはやあなたたちを奴隷とは呼ばない」と言っているのである。

さらに知るべきことは、奴隷は本来的に自己原因によらない者のことであり、それに対し自由人は自己原因による者のことである。それゆえ奴隷と自由人の働きには相違がある。というのも奴隷は他の者を原因として働くが、自由人は自己原因より働くからであって、これは働きの目的因に関しても、作動因に関してもそうなのである。すなわち自由人は目的としての自らのために、固有の意志より業へと動かされるかぎりで自らより働くのであるが、奴隷は自らではなく主人のために働き、自らではなく主人の意志によって、いわばある種の強制によって働くのである。しかし時として次のようなことが起こる。ある奴隷は目的因に関して他の者を原因として働きながら、自らを働きへと動かすかぎりで自らより働く。彼は善き仕方で奴隷であるのであり、というのも愛よりして善き業を行うように動かされているからである。しかし彼は自らのために働いているのではない。というのも愛は自らではなくイエス・キリストと隣人の救済に属することを求めるからである。しかし完全に他の者を原因として働く者は悪しき奴隷である。それゆえ弟子たちは奴隷であったが、それは善き仕方で奴隷であることによってであり、このことは愛より起こるのである。すなわち善き奴隷とは目的因として神を有し神のために働くが、その働きは自らを作動因としてなされるものであり、強制から働くのではない。というのも上の友情の愛についての考察で述べられたように、愛は自らの欲望を満たすことではなく、善そのものである神と隣人の救済をその目的として自己から脱していく運動を含んでいるので、われわれはその脱自あるいは自己無化に関しては神に対して従属し奴隷となるのであるが、そのような仕方で目的が定められた後は、自らよりして自由に自己規定でき、何ものの支配も受けとらないからである。このようにして愛は、われわれを神の善き奴隷として自己本位的あり方から解放し、自由に神と隣人に役立つことを遂行させることで、われわれを神と隣人に深く結びつけ一致させる。神の奴隷であることは人間としてもっとも自由であることであり、自由は愛のうちに実現されるのである。

第二の問いに関しては次のように答えられるだろう。自らではなく他の者によってのみ動かされるかの悪しき奴隷において、自らと動かす者の関係は道具と職人の関係に等しい。しかるに道具は職人と業において交わるが、業の理念においてではない。それゆえこのようにしてかかる悪しき奴隷は業においてのみ分有するのである。しかし奴隷が固有の意志より働くときには、必ず業の理念を知らなければならず、それによって自らが働く事柄を知るようになるところの隠されたことが彼に明らかにされるのである。もしわれわれに忠実な僕がいるなら、彼はわれわれにとっていわばわれわれの魂であるだろう。しかるに述べられたように、使徒たちは自らよりして、すなわち愛によって動かされた固有の意志によって善き業をなすように動かされるのであり、それゆえ主は自らの秘密を彼らに啓示するのである。しかし悪しき奴隷について、彼らが主人の為すことを知らないというのは真実である。しかるに彼らが知らないのは何であろうか。それは本来的に神がわれわれのうちでなすところのものである。というのもわれわれの為す善きことのすべてを、神はわれわれのうちで働かれるからである。「神はわれわれのうちで欲し成し遂げるよう働く」（フィリ二・一三）。それゆえ悪しき奴隷は、自らがなすことを自分自身に帰すかぎりで自らの心の傲慢によって暗くなっているので、「その主人の為すことを知らない」のである。神と隣人に対する愛は善き奴隷を作り、われわれの友愛における秘密の共有であり、このかぎりで神についての何らかの親密な知は愛によってもたらされるのであり、愛のあるところに神秘的認識は生ずるのである(23)。

愛についての以上の考察を総括したい。第一に愛そのものについて。愛はすべての徳の根源かつ目的として人間の持つ中心的価値であり、人間の個別的行為に意味を与え、それらを導く動因である。愛において人間は人格的に完成されるのであるから、愛の追求は人間の第一義的な課題であり、生の基礎である。第二に隣人愛について。隣人愛において注目すべきは愛の秩序であり、われわれは自らの身体の命を捨ててでも隣人を愛すべきであるが、これは自らの魂の善とそれを与える神を愛することから生じる(24)。われわれは隣人を欲望の愛によってではなく、友情の愛によって救済へと愛するのであり、これによって相対的善の不完全性は克服され、自己中心的な欲望は脱ぎ捨てられて、隣人との愛の共有の道が開かれる。第三に神との友愛について。神を目的として自己を空しくし、自分自身から進んで愛の業を行う者は善き奴隷であり、このような者は奴隷的恐れではなく子的恐れを有し、愛における自由が与えられる。また愛の業におけるわれわれと神との共働によって、何らかの仕方で神の御心が捉えられるが、これは神の秘密の啓示であり、神への愛における神の神秘的認識の可能性を示唆している。

3 平 和

神の礼拝について論じる上で、人間の生のあり方として愛に次いでその平和が問題となるだろう。キリスト教的な意味での平和とはいったいいかなるものであるのか。通常われわれが平和と呼んでいるものは、平穏無事な生活のことであり、自らの周囲にあるものによってかき乱されないこと、時間的な善きものに満たされていることだと考えられている。トマスは「私は平和をあなたたちに残し、私の平和を与える。私はこれを世が与えるようにに与えるのではない」（ヨハ一四・二七）という聖句を解釈して、キリスト者の平和を分析している。(25)

まず知るべきことは、平和が秩序の静けさ（tranquillitas ordinis）を意味するということである。われわれが平和を持つと言われるのは、その秩序が乱されずに存続するときだからである。しかるに人間においては三つの秩序がある。すなわち人間の自分自身に対するもの、人間の神に対するもの、人間の隣人に対するものである。そしてこのようにして人間のうちには三つの平和がある。あるものは内的なものであり、それにしたがって人は能力の混乱なしに自分自身と和合するのである。このようにして神の律法を愛する者には多くの平和があるとされる。他のものはそれによって人が神と和解し、神の秩序に完全に従属するものである。われわれは信仰によって義とされているかぎり神に対して平和を持っているとされる。三つ目の平和は隣人に対するものである。われわれはすべての聖なる人々との平和と聖性を追い求めるべきである。

しかるに注目すべきことは、われわれのうちには三つの秩序づけられるべきもの、すなわち知性、意志、感覚的欲求があるということである。意志は精神ないし理性にしたがって、感覚的欲求は知性と意志にしたがって導かれる。またそれゆえアウグスティヌスは『主の言葉』において、聖なる人々の平和を定義して次のように言っている。「平和とは精神の平静、魂の静けさ、単純な心、愛の絆、愛の交わりである」。精神の平静とは理性に関するものであり、理性は自由で拘束されるべきではなく、何らかの無秩序な愛情によっても飲み込まれるべきでない。魂の静けさは感覚的欲求に関するものであり、感覚的欲求は情念の煩わしさから休息すべきである。単純な心は意志に関するものであり、意志は自らの対象として神へと完全な仕方で向かうべきである。愛の絆は隣人に関して、愛の交わりは神に関して言われている。

以上の考察によって、キリスト教的な平和の概念そのものがいかなるものであるかが明らかとなったであろう。それは通俗的に理解されているような、外的な状況や事物の安定したあり方ではなく、人間の内的な秩序に関わるものであり、その秩序が保たれている場合われわれは平和を持っているもしくは平和であるとされる。第一に重要なのは人間の自分自身に対する秩序であって、これは魂の諸能力の和合である。詳しく言えば、知性は人間の有するもっとも高貴な能力として、真偽を見分け、善悪を判断する。また知性はそれ自体として情念から自由であり、いかなる情念によっても拘束されずむしろそれを統制する機能を持つ。このような知性によって意志は究極目的である神に向けられ、それに至る個別的善を選択する一方で、感覚的欲求は知性と意志にしたがって導かれ、情念の煩わしさから休息する。このようにして一人の人間の内的諸能力は統制され、自己に対する秩序は保たれる。第二は人間の神に対する秩序であって、これは信仰、希望、愛といった対神徳によって可能にされる。われわれは信仰によって見えざる究極目的に同意を与え、希望によって永遠の至福を目指し、愛によって神に結ばれることで神と和解する。第三は人間の隣人に対する秩序であり、これは愛の絆によって隣人と結ばれ、隣人の救済を願うときに成立する。

以上述べた人間の有する三つの秩序が保たれている場合人間は平和であるとされるが、われわれはこの世において、自らに対しても、神に対しても、隣人に対しても何らかの混乱なしには平和を持つことができないので、この世における平和は不完全なものであるとされる。人間の有する三つの秩序におけるこの混乱は、われわれ人間がこの世において真に平和ではありえないこと、肉体を有し地上に縛り付けられていることに由来するある種の限界を示すと同時に、将来の生が希望するに値するものであること、もっといえばその必要性をもまたわれわれに認めさせるのである。

以上のように、キリスト教的な平和は何よりも内的人間のものであって、知性による意志と感覚的欲求の統制、神に向かう単純な心、隣人愛といったモメントによって構成される。外的人間以外の秩序を認めない世俗的意味での平和は、それがしばしば人間の支配を受けつけない外的なものに依存しているがゆえに、確実ではなく不安定で、手に入ったかと思えば容易に奪われる体のものであり、そのうちに人間の真の休息は存しえない。平和を得ると言うことは、ある意味で修練や修養の結果であり、それには外的価値の貧しさと内的人間の尊厳に関する深い知と、外的善に支配される世俗的あり方から霊的善である神へと不断に向きなおる強靭な意志とが要求される。平和を保つことはそれ自体聖性を目指して戦うことを意味するのである。

4 至福

右で考察された平和はこの世においては不完全な仕方によってしか達成されず、完全な平和は将来の生に存するとされるが、ここでは神の礼拝の究極的目標である至福について考察したい。ここで至福とは将来の生におけるものであり、それ自体未来の出来事であるから、現在の生を生きるわれわれにとってその考察は特に意味を持たないという批判や、至福は天国や地獄といった存在と同じく宗教的な架空の作り話であって、その考察は信仰によってのみ許容されるのみで哲学的基礎づけを持たないという批判が予想される。しかし人間がいかに現在を意味づけるか、言い換えると今ここにおいて何をなすべきであるかは、将来の目標を熟考することによって決定されるのであり、何も考えずただ目の前にあることを行い今を生きればよいという生の方法は、短絡的で不完全である。またここで言われる将来の目標とは、時間的善の獲得ではなく、人間本性にとっての究極目的であり、人間をその最深から動かすことのできる、その限りで哲学的に十分考え抜かれた目標でなければならず、キリスト教の教える至福はその要件を満たすものだと思われる。以上のことから、ここでなされる至福の考察は現在の生に対してそれを意味づけ活性化するものであると同時に、人間がどこに向かい何をもって充足すればよいのかという実存的問いにも答えるものとなるだろう。

まず至福の一般的規定を見てみよう。トマスは「私の父の家には住むところがたくさんある」（ヨハ一四・二）という聖句の解釈によって至福の考察を行っている(26)。トマスによれば、父の家とはそこに神が住まうところのみならず、神自身もまたそうなのであり、それは神が御自身のうちに存在するからである。そしてこの家にわれわれは集まるとされる。神御自身は家であり、われわれは神から、人の手によるのではない天における永遠の住みかを持っている。そしてこの家は栄光に属し、栄光は神御自身である。神の高き栄光の御座ははじめよりあり、これはわれわれの聖所なのである。しかるに人がこの場所、すなわち神に留まるのは、意志ないし愛情に関しては愛の享受によってである。愛に留まる者は神に留まり、神もまた彼のうちに留まるからである。また知性に関しては真理の知識によってである。われわれは真理において聖なる者となるからである。

ここで父の家とは神自身に他ならないことが確認され、それはわれわれにとって天における永遠の住みかであり、神の栄光でもあると言われている。われわれはこの天の住まいに、意志に関しては愛の享受によって、知性に関しては真理の認識によって引き上げられる。ここでわれわれ人間にとって神の栄光とは、単に将来的な楽園を意味するのではなく、われわれが愛と認識の営みを通じて関与することのできる実在であることが分かる。今ここで愛を享受し真理によって照らされることは、今ここで神の栄光へと関与することである。至福はそれ自体としてみれば将来の目標であり、現在の生において得られるものではない。しかし以上見てきたように、それはきわめて現在的な意味を有しており、この地上にありながら天の国を目指す人間を支えている概念なのである。

トマスによると、この家すなわち神である栄光のうちには、多くの住みかすなわちその至福の様々な分有がある。というのもより多く認識する者はより大きな場所を占めるであろうから。それゆえ神的認識と享受の様々な分有が様々な住みかなのである。われわれは認識と愛によって神の栄光を分有するが、それは様々な仕方によってであるので、天には様々な住みかがあるとされる。しかしここで疑問が起こる。もし神の栄光のうちに至福の様々な分有があるとすれば、ある者は他の者よりも至福であるのだろうか。まずここでそうではないと反論することができる。というのも至福は目的であり、完全なものはより多いあるいはより少ないといった規定を受け入れないからである。それゆえ至福がより多くないしより少なく持たれるといったことはない。この疑問に対しトマスは以下のように答える。(27)

あるものが完全と言われるのは二つの仕方があり、すなわち端的に、そしてある意味においてである。端的な意味での至福の完成はただ神にのみ属する。というのもただ神のみが自らを認識し愛しうるだけ認識し愛する――神は無限に認識し、無限の真理とその善性を愛する――からである。そしてこのことに関するかぎり、至福の対象であり原因である最高善そのものがより大きいとかより少ないとかいうことはありえない。というのも神である最高善以外のものは存在しないからである。しかしある意味においては、すなわち時間、本性、恩恵のある条件にしたがっては、このようにしてこの善の獲得とそれぞれの人間の受容性にしたがって、ある者は他の者より至福でありうる。というのも人間はこの善をより多く受容すればするほど、至福の享受へとよりよく規定され秩序づけられているかぎりで、よりいっそう至福を分有するからである。このことへと人は二つの仕方で規定される。というのも至福は二つのものにおいて成り立つからである。すなわち神の直視（visio divina）においてであり、これに対して人は純粋性によって規定される。それゆえ人は地上的なものからより多く高められた心を持っていればいるほど、よりいっそう完全に神を見るであろう。さらに享受の喜び（delectatio fruitionis）においてであり、これに対して人は愛によって規定される。それゆえ神の愛によってよりいっそう燃え立たしめられた心を持っている者は、神の享受においてよりいっそう喜ぶであろう。

上に述べられたとおり、至福は愛の享受と真理の認識において成り立つが、それが完全な形で遂行されるのはただ神自身においてのみである。しかるに最高善である神以外のものは存在しないので、端的に言えば、至福の完成はただ神のみに存し、それがより大きいとかより小さいとかいう規定を受け入れることはないのである。しかしある意味においては、至福を分有する人間の側から、より大きなあるいはより小さな至福ということが言われうる。人間はその認識と愛の受容性にしたがって、神である最高善をより多くあるいはより少なく分有するので、ある者は他の者より至福であることが可能である。至福は神の直視と享受の喜びに存するが、われわれはこれらに対して純粋性と愛によって秩序づけられる。純粋性とは心の清さであり、地上的なものから、またその表象から自由であることを意味する。また愛はわれわれ人間を直接神に結びつけるところのものであり、愛をより多く有する者はより多く神を見るのである。以上の考察から、至福は端的な意味では神にのみ存するが、ある意味においてそれを分有する人間の受容性の大小を受け入れ、ある段階を形成することになる。しかしここで至福には差別があるとか、ある者は他の者より至福であると言われるとき、このことに関してさらに次のような反論が予想される。すなわち「マタイ福音書」二〇章で、すべての労働者に同じ一デナリオンが与えられたと言われていることである。しかるにここでデナリオンはまさに父の家における住みかに他ならない。それゆえ多くの住みかがあるわけではないと。

この問いに対し、トマスにしたがって以下のように答えなければならない(28)。永遠の生命の報酬は一つであり、かつ数多くある。数多くあるというのは分有する者の様々な受容性にしたがってのことであり、それにしたがって父の家には様々な住みかがある。対して一つであるというのは三つの仕方によってである。第一に対象の一性によってである。というのもすべての至福者たちが見、享受しているものは同一だからである。それゆえ様々な仕方で見られ愛されるにしても、報酬は一デナリオンなのである。そしてこれはあたかもある者がすべての者が自由に飲むように人に泉を提供するようなことであり、その泉からはより大きな器を有している者はより多く受けとり、より小さな器を有している者はより少なく受けとるのである。それゆえ泉はそれ自身の側からは一つであるが、受けとる者の同じ尺度によるのではないのである。これは聖グレゴリウス『道徳論』二二章の言葉である。第二は永遠性という同一の基準によるものであり、これはアウグスティヌスによっている。というのもすべての者が永遠の至福を持つからである。なぜなら受容性によっては様々であるにしても、義人は永遠の生命へと至るからである。第三は愛によるものである。愛はすべてのものを結合するものであり、それぞれの者の喜びをすべての者の喜びとし、すべての者の喜びをそれぞれの者の喜びとする。

ここでは至福はそれを分有する者の受容性にしたがって数多くあるが、しかし至福はただ一つであるという見解が提示されている。至福の数多性については右で考察されたので、ここではその一性について考えたい。まず至福の一性は対象の一性によって得られる。至福者たちはそれぞれ異なった仕方で神を見、愛しているにしても、その対象は同一なのであり、それはあたかも一つの泉から様々な大きさの器によって水が汲み出されることに例えられる。次に永遠性という共通の基準によるものであり、至福者が享受するのは永遠の生命なのであり、彼らは永遠性を共有しているのである。最後に愛によるものである。この愛によって、ある至福者は他の至福者が自らより大きな至福を享受していることを羨むこともなく、自らの受容性の小ささを嘆くこともなく、すべての者の喜びを得、それぞれの者の喜びは他の者へと満ち溢れて、至福における一致を作るのである。この至福における一致は神の礼拝の最終的目標であり、われわれはこの世の生においては不完全な共同しか結べないとしても、この至福の境地を念頭に置き、そこから逆に現在の生のあり方を問い直し、真理の認識と最高善への愛に邁進できるのである。

5 宣教

将来の生において完成される神の国は、この地上において使徒の宣教から始まる。ここで宣教について考察するにあたり注意すべきは、宣教の活動が聖職者にのみ関わるものであって、われわれ一般の者には関係がなく、そこから学ぶことはないとする偏見である。しかし宣教とはキリスト教的生の完全性を説得的に示すことでその生の善性を他に伝えることであるとすれば、それは信者一人ひとりの考え方や生き方によってもなされると言えるのであり、その限りで信者の日常的な個々の言動はある種の宣教であるとも言える。またもし神を信仰し愛することによって人間本性が完成され、ついには永遠の生命を得て救われるとすれば、そのような生き方を自らのうちに留め他に伝えないことは、不信仰者の人格を無視し、殺してしまうことになるだろう。つまり宣教とはキリスト教的生を営む者の責務と考えられるのであり、ここではそのような広い意味で宣教を考え、宣教する者の心構えを示したい。トマスは「彼らは出ていき船に乗った。その夜は何も捕れなかった」（ヨハ二一・三）という聖句を解釈して、宣教者の採るべき生の方法を考察している(29)。

「彼らは出ていき船に乗った。その夜は何も捕れなかった」と言われているとき、宣教の任務の行使が提示されている。そして宣教者がなさなければならない三つのことが触れられている。それはいったい何であろうか。第一は罪人の交わりから出ていくことである。宣教者たちは罪人の中から出ていき遠ざかるよう努めなければならない。汚れたものに触れないようにすれば、主はわれわれを受け入れてくださるのである。また肉的なものへの愛着から宣教者は出ていかなければならない。われわれは生まれ故郷、われわれの父の家から出ていくべきである。また静かな観想から宣教者は出ていかなければならない。隣人の回心のために観想を断念して活動すべきである。

ここでトマスは「彼らは出ていき」という聖句を解釈して、宣教を行う者のなすべきことを挙げている。まず彼らは罪人の交わりから出ていくのであり、そのように罪人から離れて独りで在ることによって、彼らは罪を罪として、すなわち神からの離反として認識することができる。罪人のうちにあって罪に染まらないことは困難であり、罪人を離れることは聖性を求める上での知恵である。そのようにして自己の罪に対して鋭敏であることは、悔悛によって神と和解することの前提条件であり、自己の罪深さの認識は聖性の認識と対応している(30)。次になされるべきは肉的なものへの愛着から出ていくことであり、それは両親をはじめとする家族、友人など身内の者への執着を断つことを意味している。両親に対する敬慕や友人に対する愛情は、それ自体推奨されるものであり、人間の自然本性的欲求に根ざすものであるが、宣教を行う者はキリストに従う者であり、そのキリストに対する崇敬は、すべての肉的なつながりや愛着を放棄せしめるものである(31)。使徒たちはキリストに出会い、文字通りすべてを捨てて彼に従ったのであり(32)、キリストは彼らのすべてであった。最後に宣教者は静かな観想から出ていくのであり、神を観想するという最高の活動を捨てて宣教にあたることは、隣人愛に基づくものである。本来神の観想を行うことは、隣人愛とは対立せず、むしろその観想から隣人の救済がより深い仕方で実現されるのであり、隣人愛に意義を与えるところのものである。しかし宣教者はその神の観想と同時に隣人の救済を配慮するのであり、そのかぎりでここでは観想から出ていくと言われていると思われる。

第二に宣教者は船に乗らなければならない、すなわちそれが船と呼ばれているところの一なる教会の愛において成長しなければならない。ノアの時代に箱舟が作られていた間、その箱舟においてわずかな者、すなわち八人だけが水の中にあって救われたように。さらに十字架という船において、肉の死を取ることによって。われわれにはわれらの主イエス・キリストの十字架のほかに誇るものがあってはならない。この十字架によって世はわれわれに対し、われわれは世に対し磔にされているのである。キリストの十字架は義を実現するものであり、祝福されるべきものである。

ここでは「船に乗った」という聖句が解釈され、まず宣教者の行うべきこととして教会の愛において成長することが挙げられている。教会はこの地上において神の国を体現しようとするものであり、そこには信仰者のキリストにおける一致がある。人間はこの教会によって神の教えを学び、秘跡を拝受し、救済へと導かれる。宣教者は何よりもまずこの教会において、信仰者同士の愛の絆によって成長を遂げなければならない。次に十字架を取ることである。十字架を取ることは自己を否むことであり、キリストの受難と死に倣って世を、つまり肉欲や傲慢を捨てることである。世が放棄されているかぎりで信仰者に残されるものは神以外にはなく、誇るものは十字架のみである。世を放棄するということは、地上的なものに支配されている外的人間にとっては、完全な空虚であり、そこにはいかなる慰めもない。しかしあらゆる善の根源としての神を内的に捉えることのできる人間は、反対に世のすべてに空しさや浅薄さを感じ、存在の充実を神にのみ求めるだろう。(33)

第三に宣教者にはキリストの援助についての完全な信頼がなければならない。それゆえ彼らはその夜全体を通じて何も捕れなかった。というのも神の援助ないし内的な宣教者である神が不在のときには、宣教者の言葉は働いても無駄に終わるのであり、心を照らす光が到来するときに彼らは人を捕らえるからである。この限りでわれわれは神がその光と真理を放ってくださるように祈るべきである。それゆえこのような仕方で、夜は神の援助を欠くものと言われるのである。というのもそれは異教徒を信仰へと導くことができなかったからである。

宣教者に求められる最後の条件は、キリストによる照明を信頼することである。宣教とは人を回心させ、信仰者として獲得することであるが、その宣教が成功するのはただ回心する者の心を照らす神が、宣教者の言葉を通じて臨在することによってのみである。(34) 回心とは、それまでの地上的で自己本位的な生のあり方を根本から否定し、霊性を人間存在にふさわしい境位であると認め、これから先は神と隣人のために生きていくことの個人的決断である。したがってそこには個人としての人間の魂に直接かつ強力に働きかける実在が必要であり、それは宣教者の言葉でも魂でもなく、各人の魂を創造した神自身である。神の存在は各人の存在に触れるような仕方で臨在しており、存在を通じてすべての働きを生ぜしめるので、神は恩恵によって人を回心させることができる。宣教者はこの恩恵に信頼を置いて活動しながら、回心の業を自らではなく神に帰し、宣教の成功を神に感謝するのである。

6　キリストの勝利

われわれは神の礼拝においてキリストを信仰し、キリストに倣うのであるから、ここではキリストがいかにして世に勝っているかを考察しよう[35]。この考察を通じて、信仰によって開かれるキリスト教的人間観や世界観が実は考え抜かれた合理的根拠を持つものであり、信仰を持つということが世においてわれわれが遭遇する現実的困難に対し何よりも強力な解決であるということ、つまりは信仰の効力を示したい。これによってキリストに倣うということの意味が明らかとなるだろう。

キリストは世に勝っている。第一に世からそれによって攻撃する武器を取り去ることによってである。この武器は世の欲求するところのものである。つまり世にあるものすべて、目の欲であれ、肉の欲であれ、生の傲慢であれである。すなわち貧しさ（paupertas）は富に勝っている。キリストは困窮し貧しい。人の子には枕するところもない。謙遜（humilitas）は名誉に勝っている。キリストは柔和で謙遜な者だから、われわれは彼から学ばなければならない。受難と労苦（passiones et labores）は快楽に勝っている。キリストは死に至るまで、しかも十字架の死に至るまで従順だったのである。さらにイエスは旅に疲れて、そのまま井戸のそばに座っておられたのであり、若いときから労苦のうちにあった。それゆえこのような仕方でこれらのものに勝つ者は世に勝つのであるが、これをつくるのは信仰である。世に勝つ勝利、それはわれわれの信仰である。というのも信仰は希望すべきもの、すなわち霊的にして永遠なる善の本質であるから、それはわれわれをして肉的なはかない善を軽蔑させるからである。

世はその欲求するところのもの、すなわち目の欲、肉の欲、生の傲慢などによってわれわれを攻撃している。なぜならそれらのものは相対的価値であり、たえずそれ自身を乗り越えてより多くのものをわれわれに欲求させ、他者と競わせ、勝てばさらなる傲慢を生み、負ければ恨みと卑屈を味わわせる[36]。そのような価値はけっして魂を満足させることなく、たえず欠乏を感じさせ、疲弊の後に魂の本来的機能をも毀損する。そのような世俗的価値としてここでは富[37]、名誉[38]、快楽が挙げられている。富は身体を維持するための手段であり、名誉は人間による相対的な評価として不完全であり、快楽は虚無に他ならないにもかかわらず、世においてそれらはある人間の偉大さを示す一つの指標とされている。世におけるこのような人間理解に対して、キリストは貧しさ、謙遜、労苦によって人間のあり方を規定しようとする。富をさらなる富、名誉をさらなる名誉、快楽をさらなる快楽によって乗り越えようとする態度は、世の奴隷となることであり、相対的価値の攻撃に立ち向かうよりもそれに打ち破られることである。世に対する本当の勝利は、そのような相対的価値を根本から否定し、それらを必要としないどころか、むしろその反対のものによって自己の生をつくることである。「人間は貧しくても生きていける」のではなく、以上のような世の提供する人間観の愚かさを洞察した上で、その理解が誤っているという認識に基づいて、「進んで貧しく生きていく」のであり、「名誉は結果的に人を傲慢にする」から避けるべきなのではなく、人間はそれ自体では無であり、善きことはすべて神に帰せられるから「生涯を通じて謙遜以外の態度は取りえない」のであり、「快楽を犠牲にして働く」のではなく、本質的に言って快楽は人間を幸福にしないからこそ「労苦のうちに生き続ける」のである。つまり、貧しさ、謙遜、労苦といった生の態度は、世の求める相対的価値が得られない人々に、その慰めとして勧められている消極的な規定ではなく、世の人間観や価値観が誤りであり人間を真に幸福にできないものであることから、その認識に基づいた妥当で積極的な生のあり方なのである。一言でいえば、世の考えるところは浅はかで転倒しており、キリストの教えるところは合理的に考え抜かれており、信仰者はその信仰によって世に勝利しているのである。もし富や名誉や快楽を得た世俗的人間が、キリストに倣って謙遜に労苦する貧しい人間を見下し挑発するとすれば、信仰者は上で述べたような仕方で本質的思考をめぐらすことで世の全体が依拠する価値観そのものを破壊し、キリストにおいて世のすべてに対して優位に立ちながら、不信仰者の不幸を嘆き、その回心を願うのである。

第二にキリストは世の支配者を追放することによって世に勝っている。復活の時、この世の支配者は外に追い出される。キリストはもろもろの支配と権威を解除し、キリストの勝利の列に従えて、公然とさらしものになさったのである。ここからキリストはわれわれに、われわれがそれを打ち負かすべく、悪魔を差しだしたのである。われわれは彼を鳥のようにもてあそび、娘たちのためにつないでおくことができるだろうか。文字通りには、キリストの受難の後、キリストの若い娘と子供は彼をもてあそぶのである。

ここでは世の支配者、特に悪魔に対するキリストの勝利について言及されている。悪魔は非質料的な霊的実在として、質料と形相から合成されているわれわれ人間よりその本性においては上位にある。そのかぎりで人間はそれ自体においては悪魔に打ち勝つことはできない。しかしわれわれはキリストに固着するかぎりで霊性に留まることができるのであり、恩恵の次元において悪魔を嘲弄できる。悪魔は人を神から離反させ悪に誘うものであるが、キリストによって善において完成された人間から見ればその作用は脆弱で児戯的であり、悪魔は人間本性そのものを破壊するような力を有していない。悪魔はこのような仕方で人間に支配されるべく造られたのであり、人間は悪魔の誘惑に打ち勝つことで、より高い善性を実現できるのである。(39)

第三にキリストは世の人々を自らへと回心させることで世に勝っている。世は世の人々によって不和を生ぜしめることで反乱を起こすのであるが、キリストは彼らを自らへと引くのである。キリストが地上から上げられるとき、すべてのものを自分自身へと引き寄せる。それゆえ世はあげて彼について行くのである。それゆえこのようにして、われわれは苦難を恐れてはならないのである。というのもキリストは世に勝っているからである。

最後にキリストの勝利は不信仰者の回心において現れている。回心とはもっとも完全で強力な仕方での人間の獲得であり、というのもそれは人間本性そのものに関わり、恩恵の次元での出来事だからである。恩恵のうちにはいかなる強制も脅迫もなく、回心した者は自由意志によって衷心よりキリストに従うのであり、それは人格的交わりである。それゆえこのような仕方でキリストは世をもっとも深い仕方で自らに従わせ、和合を達成する。これはキリストによる真の勝利であり、人類に対する愛であるとも言える。キリストが世に勝利している以上、信仰者であることは真に強力であることなのであり、世は信仰者を打ち負かすことができず、反対に信仰者が世を改善するのである。

7　神の慈悲

神の礼拝の考察を終えるにあたり、最後に神の慈悲について言及したい。(40)祈りの考察において、われわれは祈り求めるものが得られない場合、それは歪んだ愛情や無知などわれわれの側の欠陥に由来するものであった。この場合に神の摂理の正しさを疑ったり、神の存在を否定することは、思考放棄というもっとも安易な解決であり、現実的な問題の困難はそのままに残され、人間の依るべき妥当な考え方を提示できていない。そこで重要なのは、人間の依るべき神の存在や神についての考え方を維持しながら、祈りが聞き届けられないという現実をいかに説明し、解決するかということであった。このような態度は次のような考察においても有効であろう。しかるに現実における不条理や不合理的出来事は、人間に地上の生の意味や思想の妥当性を問わしめ、人間存在そのものの捉え方をも再考させる。ここではそのような通常の合理的思考によっては理解しがたいような事象を取り上げ、それにはいかなる意味があり、いかなる考えによって正当化されるのかを問うてみたい。それは同時に人間にとって神が存在するか否かの究極的問題関心となるものであり、というのも不条理の問題はわれわれにとってもっとも理解しがたく、神が存在しないようにさえ思わせるからである。

トマスによると、次のことにおいてもっとも深い神の慈悲（altissima pietas Dei）のもっとも強力なしるしが明らかとなる。第一に神は人類を非常に愛しておられるので、そこから何らかの善が人類に到来するように、時として自らが選んだ者に何らかの艱難が生じることを許す。すなわちこのことのゆえに神は使徒、預言者、聖なる殉教者たちが打ち倒されることを許したのである。それゆえ神は預言者たちにおいて彼らを切り倒し、神の口の言葉において彼らを殺す。またパウロが苦しむときそれはわれわれの励ましと救いになり、パウロが慰められるときそれはわれわれの慰めになり、それによってパウロが受けたのと同じ苦しみに耐えることができる。しかしこのこと以上に驚くべきことは、神が教導のために、ある聖人が罪に陥ることを許すということである。というのももしわれわれがこのことから学んでより注意深く、より謙遜になるのでなければ、どうして神はある聖人や義人が重大な罪を犯す――ダビデは姦淫と殺人の罪を犯した――ことを許すであろうか[41]。その結果、立っていると思う者は落ちないようにし、落ちてしまった者はよりいっそう立ち上がるようになるのである。それゆえアンブロシウスはテオドシウス帝に、「誤った者にあなたは従った。今度は悔い改める者に従うよう努めなさい」と言った。またそれゆえグレゴリウスは言った。トマスの不信仰は弟子たちの信仰よりも、よりいっそうわれわれにとって信仰のために役に立った。

ここで神の慈悲のしるしとして義人や聖人の艱難と罪が挙げられている。聖人は神の教えを守り悪を為さず善を行うのであるから、その善き行いに対して神から善き報いを受けることは人間理性とその正義を満足させるものであり、反対に悪しき報いを受けることは不条理のように思われる。しかし人類の救済を深い仕方で配慮する神は、自らの選んだ聖人や預言者に艱難という悪が生じることを許すのであり、それによって人類に、聖人が艱難を蒙らなかった場合よりも大きい善がもたらされる。たとえば聖人の艱難は同じ苦しみを受ける者にとって大きな励ましや慰めとなり、それらを耐える力を与えてくれる。またこれ以上に驚くべきことに、神は自らの愛する聖人を罪に陥れる。しかし一見すると、聖人が罪に陥ることによって、彼はわれわれの模範とはならず、むしろわれわれを堕落させる要因になると思われる。しかし人間存在の弱さを強調することになるこのような聖人の罪は、むしろ人間に対して自己自身ではなく恩恵にすがることを教えるのであり、神を中心とした生き方の完全性を主張するものである。その結果われわれは聖人に対して侮蔑ではなく親近性を抱き、それによってわれわれは自らもいつ罪に陥るかもしれないと人間の弱さを認識し謙遜になり、罪に陥った者は聖人の模範によってよりいっそう善性へと立ち上がる。聖人の艱難と罪という二つの悪ないし不条理的な出来事は、それ自体のうちにその正当化を求めても得られないが、人類全体の救済というより広く深い視点から見れば、それが人類の励ましと教導に役立つものである限りで道理にかなったものとなるのであり、何よりもわれわれに対する神の愛の結果と考えることができる。ここにおいて悪や不条理は神の愛のうちに解消され、そこからより大きな善が引き出されるかぎりで善へと転換される。神を愛する者にはすべてのことが善へと共働するのであり、神の全能は悪すらも善へと変える。

われわれにとってこの世界に厳然と存在する不条理や不可解な出来事の意味を解明することは、それを忘却によって否定することによっても、また出来事そのものの意味や意義を解体してしまうことによってもなされない。むしろそのような不条理を常に念頭に置き、神の御心と人間本性を熟考、観想しながら、たえずより深く正しい現実解釈を求めて思考し続けることのうちに、解決の道は開かれてくる。(42)このような問いに正当な答えなどないかもしれないが、自らの抱く考えをより真理に近づけ、より精密に作りあげることはわれわれに許されており、このような慎重で忍耐を要する営みによってこそ思想はその力を獲得すると思われる。神の摂理や愛は人知を超えており、人間は生涯にわたってその偉大さと神秘を追求するのである。

結語

本論で考察された神の礼拝は、人間が真に人間として存在するということはいかなることであるかという問題をその中心的テーマとして持っている。そのかぎりで神の礼拝とは信仰者にのみその正当性が理解されるものではなく、より普遍的に人間が人間であるかぎりにおいてその生のあり方を問う哲学的考察を含むものであった。(43)また本論で扱われた個々の問いとその答えは、われわれが日常的に遭遇する実存的悩みや克服しがたい状況に対して一つの規範的解答を示すものであり、それ自体現実的効力を持っていると考えられる。より強く言えば、本論でなされた考察は世俗的人間にとってはほとんど知られない人生の知恵であり、それはトマス・アクィナスという古典を通じてなされたある種の発見である。というのも第一に時間的善の相対性や霊的善の自由を理解し、謙遜をもって祈ることによって、われわれには善きものが必ず与えられるということはほとんどの人に知られていない知恵だからである。第二に自己中心的な愛に囚われ虚栄心や嫉妬に苦しむ人間は、神と隣人への愛へと脱自していくことで内的な解放と神秘的認識に至り、愛において諸徳は完成されるが、この愛の教えは自己の欲望の追求のみを目指す世俗的社会では忘れ去られている。第三に外的善によって作りだされる偽りで不完全な平和ではなく、自己の内なる能力と神と隣人に対する秩序を保つことで得られる真の平和によってはじめて人間は休息せしめられるのであり、この限りで周囲の環境や人々によって平和を理解している世の人々には、真の平和が修練を前提とするものであることは知られていない。第四に真理の認識と愛の享受によって示される将来の至福は、われわれの現在の生を意味づけ、その方法を規定する究極目的であり、われわれ人類の最終的一致を意味するが、ほとんどの人々は目の前の生に盲目的に埋没して、このような理想を顧みることに価値を認めない。第五に宣教はこのような人生の知恵を他人に伝える愛の一形態であり、宣教者は自己の罪深さを自覚し聖性を保ち、愛において成長し十字架を背負い、恩恵の助けをたえず信頼しなければならないが、世間では罪人が罪人を呼び、それらは結託して、神の霊性に反する行為をなしている。第六に富、名誉、快楽といった表層的価値によって人間を理解しようとする世に対し、信仰者はキリストの勝利に倣って、貧しさ、謙遜、労苦によって自己のあり方を規定しようとするが、この生の厳しさを受け入れようとする人間はきわめて少ない。第七に聖人の艱難や罪といった理解しがたい状況は、真剣に人生を生きる者にとって神の存在と非存在に関わる重大な問題となるが、その背後には人類の救済と教導を配慮する神の慈悲が隠されているのであり、われわれは安易な解決を望むことなく、きわめて慎重に神の摂理を観想しなければならない。以上のことから、本論における神の礼拝の考察が持つ現代的意義は明らかであり、それはキリスト教という狭い宗教的枠組みを超えて、人類の幸福にとって普遍的で包括的な生の理想となると考えられる。

註

（1） Cf. *Ioannis Lectura*, n. 2142.

（2） われわれが地上的な繁栄ではなく霊的善を求めるべきであることについて、『標準的註解』は次のように述べている。「われわれは、律法が約束する地上的なもののためにではなく、天の報いのために神の掟を為すべきである。しかるに、すべての地上的なものは、二種類の重要なものへ還元される。すなわち、人間的な栄光と地上的なものの豊かさであるが、それら両方とも律法において約束されていると思われる。栄光については、『主はあなたを地上のあらゆる国民にはるかにまさったものとしてくださる』（申二八・一）と言われている。時間的なものの豊かさについては、『主はあなたがあらゆる善において満ち溢れるようにしてくださる』と言われている。それゆえ、主はこれら二つ、すなわち人間的な栄光と地上的なものの豊かさを信仰者の意図から排除している」（*Catena aurea, In Matth.*, 6. 1）。ここからして、キリストの教えが時間的なものを約束する律法には含まれていない新しいものであることが分かるだろう。天の国の教えはその中心である。

さらに、人間が第一義的に地上的なものを求めるべきではないことの理由をアウグスティヌスは次のように説明している。「もし人が地上的な利益を獲得するために何かを為すとすれば、そのように地上をさまよう心がいかにして純粋であり得ようか。あるものは下級の本性に混ぜ合わされるとき汚れるのである、たとえその本性自体はその類において汚されないとしても。というのも、金は純粋な銀に混ぜ合わされるとき、その銀によって汚されるからである。そのようにして、われわれの魂もまた地上的なものに対する欲望によって汚されるのである、たとえ地がその秩序においては純粋であるにしても」（*Catena aurea, In Matth.*, 6. 19-21）。

（3） *Catena aurea*, Praefatio.

（4） 祈りにおいては言葉の多さや時間的な長短ではなく神に訴える意志の持続に注目しなければならない。アウグスティヌスはこのことについて次のように述べている。「ある者が考えるように、長く祈ることは多くの言葉によって祈ることではない。多くの言葉と長く持続する感情とは別のものである。というのも、主御自身について、彼は夜通し長く祈ったが、それはわれわれに範を示すためであったと書かれているからである。また、兄弟たちはエジプトにおいて頻繁に祈ったが、それは短くいわば瞬間的なものであった。それは祈る者に最も必要とされるかの熱心さが暴力的に奪われて、長い祈りの時間によってその意志が弱められることのないためであった。また、このことによって彼らが十分に示していることは、ちょうど祈りが持続しえないことからその意志が弱められるべきではないように、もし祈りが持続できるならその意志はすぐに中断されるべきではないということである。祈りにおいて多くを語ることはあってはならないが、もし熱心な意志を持続できるなら、多くの祈りは推奨されるべきものである。というのも、祈りにおいて多くを語ることは必要な事柄を表現するのに余計な言葉をもってすることであるが、多くの祈りはわれわれが祈願する者に心の長い奮起によって訴えることだからである。実際、このような祈りはしばしば言葉よりも呻きによって、また言葉をかけることによってよりも嘆きによって為されるのである」(*Catena aurea, In Matth.*, 6. 7-8)。

(5)　Cf. *S. T.*, II-II, 137, 1, ad2.

(6)　祈りの本質が祈りによって時間的な善を獲得することにではなく、霊的善による人間本性の完成に存することについて、アウグスティヌスは次のように述べている。「ある時には〔心に抱く〕事物によって、ある時には言葉によって祈るべきであるとしても、さらに人は次のように問うことができる。もし神がわれわれに必要なものをすでに知っているとすれば、なぜ祈りそのものが必要なのだろうかと。このことの理由は、祈りの意志そのものがわれわれの心を清め、霊的な仕方でわれわれに注がれるところの神の贈り物を受け入れる受容性を作りだすところにこそある。神は祈りの力によってわれわれの願いを聞き届けるのではなく、常に自らの光を与える準備をしている。しかし、われわれは常にそれを受けとる準備をしているわけではなく、他のものに心を傾けているときもある。それゆえ、祈りにおいて生じるのは、身体の神への向きなおりであり、内的な目の浄化である。そのとき、時間的に欲求されていたものは排除され、その結果、単一な心の視力は単一な光に耐え、かつ至福の生が完成される喜びとともにそのうちに留まることができるようになる」(*Catena aurea, In Matth.*, 6. 7-8)。

(7)　Cf. *S. T.*, II-II, 29, 1, c.

(8)　祈りが協調をもって為されることについて、キプリアヌスは次のように述べている。「われわれは『わたしの父よ』ではなく、『わたしたちの父よ』と言うが、それは平和と一性の教師が、祈る者が自分だけのために祈るところの個別的で私的な祈りを欲しないからである。われわれにとって祈りは公けで共通のものである。われわれが祈る場合、一人のためにだけでなく、すべての民のためにそうするべきである。というのも、すべての民は一つだからである。主は、キリスト一人においてすべての人間を担ったように、ある者がすべての者のために祈ることを欲するのである」(*Catena aurea, In Matth.*, 6. 9)。

(9) Cf. *S. T.*, II-II, 35, 1, ad3.

(10) Cf. *S. T.*, II-II, 161, 1, ad5.

(11) *Ioannis Lectura*, n. 1905.

(12) 主の祈りは山上の説教の七つの至福(マタ五・三―九)に対応しているとされる。アウグスティヌスはこのことに関して次のように述べている。「また、この祈りの数は七つの至福に一致しているように思われる。すなわち、もし神への畏れが心の貧しい人々を至福たらしめるならば――というのも、天の国は心の貧しい者に属するから――、われわれは永遠に続く純粋な畏れによって、神の名が人間のうちで聖なるものとされるように求めるべきである。もし敬虔が柔和な人々を至福たらしめるならば、われわれは自分たちが柔和になり神に抵抗しないように、神の国が到来することを求めるべきである。もし知識が泣く者を至福たらしめるとすれば、われわれは神の御心が天においてと同様地の上にも行われるように祈るべきである。というのも、いわば地のような身体がいわば天のような霊に同意しているならば、われわれは泣くことはないからである。もし剛毅が飢えた者を至福たらしめるとすれば、それによって完全な満足に至るために、日々の糧をわれわれに今日与えてくださるように祈るべきである。もし思慮が憐れみ深い者を至福たらしめるならば――というのも、憐れみ深い者は憐れみを受けるだろうから――、われわれは自らの負い目が赦されるように、他の者の負い目を赦すべきである。もし知解が心の清い者を至福たらしめるとすれば、われわれは誘惑に陥らないように祈るべきである。というのも、われわれはそれらのものから誘惑が生じるところの時間的で地上的なものを追求することで心が二つに分かれるからである。もし知恵が平和を実現する者を至福たらしめるとすれば――というのも、平和を実現する者は神の子と呼ばれるから――、われわれは悪から解放されることを祈るべきである。というのも、その解放がわれわれを自由にし、神の子たらしめるからである」(*Catena aurea, In Matth.*, 6. 13)。

(13) *Ioannis Lectura*, n. 1839.

(14) Cf. *Ioannis Lectura*, n. 2006-2007.

(15) Cf. *Ioannis Lectura*, n. 2008-2009.

(16) 隣人愛に属する兄弟の矯正について、アウグスティヌスは次のように述べている。「それゆえ、われわれがある者を非難しなければならないときにまず考えるべきことは、このような悪徳をわれわれが今まで持ったことがなかったかどうかということである。〔もし持ったことがなかったとしたら、〕次に考えるべきことは、われわれは人間であり、このような悪徳を持ちうるということである。あるいは、もしわれわれがこのような悪徳を以前持っていたが今は持っていないならば、人間に共通の弱さを思い出して、憎しみではなく憐れみによって矯正を行わなければならない。しかし、もしわれわれが同じ悪徳のうちにあるとすれば、それを非難するよりもむしろ共に嘆くべきであり、同じような努力へと誘うべきである。さらに、稀なことではあるが、大きな必要性のために非難が示されるべきであるとすれば、われわれはその叱責において彼がわれわれにではなく神に仕えるように要求すべきである」（*Catena aurea, In Matth.*, 7. 3-5）。他の者の罪を非難して矯正するときには、自己自身の徹底した謙遜が必要である。

（17）　*Ioannis Lectura*, n. 2009.

（18）　*Catena aurea*, Praefatio.

（19）　人間の功績に対する最終的な報いである永遠の生命が将来の生にまで延期されることに関して、アウグスティヌスは次のように述べている。「時として神はより遅くに与えるが、それは賜物を推奨するためであって拒むためではない。実際、長く願望されたものはより甘美に所有される。しかし、速やかに与えられたものは価値が低くなる。それゆえ、義を求め探しなさい。というのも、求め探すことによって捉えようとする欲求は増大するからである。神は速やかに与えることを欲しないものをあなたのために保持していてくださる。それはあなたが偉大なものを偉大な仕方で求めることを学ぶためである。それゆえ、『気を落とさずに絶えず祈らなければならない』（ルカ一八・一）」（*Catena aurea, In Matth.*, 7. 8）。人間が求める神の義そのものが地上において速やかに与えられることはない。その理由の一つは、人間が「偉大なもの」、すなわち永遠の生命を、「偉大な仕方で」、すなわち霊的な仕方で求めるようになるためである。われわれが地上的善を地上的な仕方で求めるとき、それは卑しいものを卑しい仕方で求めることである。ここからして、永遠の生命が将来の生にまで延期されていることは、人間が地上性を放棄して霊において生きるようになるために必要であったと言える。このような修練の結果、将来の生において、永遠の生命は増し加えられた欲求によって最高に甘美な仕方で所有されるのである。

（20）　Cf. *Ioannis Lectura*, n. 2036.

（21）　Cf. *Ioannis Lectura*, n. 2015.

(22) Cf. *S. T.*, II-II, 7, 1, c.

(23) Michael Sherwin, O. P. は、この友愛における神の秘密の啓示について次のように述べている。「聖トマスは、『友愛の真のしるしは人がその友人に彼の心の秘密を明らかにすることである』(n. 2016) と主張することにおいて、アリストテレスに従っている。このようなわけで、友人たちの間に存在する親密さが信頼を作りだすのである。友人たちは一つの精神、一つの心を共有するのであるから、一人の友人が他の友人に述べることは、その心のうちに隠されたままだと思われる。アクィナスは、われわれが神の友となるとき何か似たようなことが起こると説明している。神がわれわれの心ないし精神を彼自身に結合するとき、『神がその秘密をわれわれに啓示するのは、われわれをその知恵に参与させることによってである。すべての世代において、知恵は聖なる魂に移り入り、彼らを神と預言者の友とする』(n. 2016)。神との友愛にわれわれを導き入れるのは神の愛であるが、われわれの友愛が成長するのはこの愛に応えることによってのみである。特にわれわれが神の知において成長するのは、聖霊の恩恵を通じて神を愛し返すことによってのみである。『神の知恵の秘密が主要的に啓示されるのは、愛によって神と結ばれている人々に対してである』(n. 1807)。アクィナスによれば、聖霊によってわれわれの心のうちに注がれる愛は非常に強力であるので、それはキリストの言葉を、キリストが最初に語ったときのように、今日においてもまた効力のあるものに変える。われわれはキリストの言葉を愛しているのであるから、それらの言葉はわれわれのうちで生き、われわれを教えることができる」。Cf. Michael Sherwin, O. P., *Christ the Teacher in Commentary on the Gospel of John* in: Michael Dauphinais, Matthew Levering (ed.), *Reading John with St. Thomas Aquinas*, Catholic University of America Press, 2005, p. 191.

(24) Michael Waldstein は、「われわれの隣人への愛ですら、御父に対する従順に基づく奉仕の性格を持たなければならない」と述べ、隣人愛が神への愛の一部分に他ならないことを示している。Cf. Michael Waldstein, *The Analogy of Mission and Obedience* in: Michael Dauphinais, Matthew Levering (ed.), *Reading John with St. Thomas Aquinas*, Catholic University of America Press, 2005, p.112.

(25) Cf. *Ioannis Lectura*, n. 1962.

(26) Cf. *Ioannis Lectura*, n. 1853.

(27) Cf. *Ioannis Lectura*, n. 1854.

(28) Cf. *Ioannis Lectura*, n. 1855.

(29)　Cf. *Ioannis Lectura*, n. 2582.

(30)　「ユダはタマルによってペレツとゼラを、ペレツはヘツロンを、ヘツロンはアラムを、アラムはアミナダブを、アミナダブはナフションを、ナフションはサルモンを、サルモンはラハブによってボアズを、ボアズはルツによってオベドを、オベドはエッサイを、エッサイはダビデ王をもうけた」（マタ一・三―六）という聖句の解釈において、『標準的註解』によれば、宣教者は以下のような仕方で成長を遂げなければならないとされる。「その間にわれわれはこれらの父祖たちがいかなる徳をわれわれのうちに建てたかを見るのであり、というのも信仰、希望、愛はすべての徳の基礎だからである。後続する徳はいわば付加されたものである。ユダは告白と解される。しかるに告白には二つのものがあり、一つは信仰の告白であり、一つは罪の告白である。それゆえもし上に挙げた三つの徳が注がれた後に罪が犯されたなら、信仰の告白のみならず、罪の告白もまた必要である。ユダの後にペレツとゼラが続く。ペレツは分割、ゼラは生じる者、またタマルは苦さと解される。というのも告白は悪徳からの分割、徳の生成、悔悛の苦さを生むからである。ペレツの後にヘツロンが続くが、彼は矢と解される。というのも人は悪徳から分割された後に世俗の人々に対して矢とならなければならないからであり、その結果宣教することによって他の者における悪徳を滅ぼすのである。これに続くのは選ばれた者、高き者と解されるアラムである。というのも人は世から離れ、他の者の役に立つようになった後に、神から選ばれ、人々の間で有名となり、徳において高められなければならないからである」（*Catena aurea, In Matth.*, 1. 3-6）。

右の引用にある罪の告白について、クリソストムスは次のように述べている。「また罪の告白は神を恐れる良心の証言である。というのも完全な恐れはすべての恥を取り去るからである。しかるに告白を恥じることは、将来の裁きの罰が信じられないところで見出される。また恥じることそのものが重い罰であるので、それゆえ神は、われわれが罰として恥を蒙るように、自らの罪を告白するように命じるのである。このことそのものが裁きの一部なのである」（*Ibid.*, 3. 6）。

さらに悔悛について、「ところが、『ヘロデのところへ帰るな』と夢でお告げがあったので、別の道を通って自分たちの国へ帰って行った」（マタ二・一二）という聖句の解釈において、クリソストムスは次のように述べている。「さらにヘロデのところからキリストへとやって来た者が、ヘロデのもとへ帰ることは不可能であった。というのもキリストを見捨てて罪によって悪魔のもとへ移行した者は、しばしば悔悛によってキリストへと還るからである。また無垢であった者は、何が悪であるかを知らないかぎりで容易に欺かれるが、見出した悪を経験して失った善を思い出す者は、悔恨して神へと還るのである。しかし悪魔を見捨ててキリストへとやって来た者は、容易には悪魔のもとへ還らない。というのも彼は見出した善において喜び、逃れてきた悪を思い出すかぎりで、容易には悪へと戻らないからである」(*Ibid.*, 2. 12)。

(31) 肉的な愛情よりも神との霊的な交わりを優先させるべきことについて、「イエスは言われた。『わたしに従いなさい。死んでいる者たちに、自分たちの死者を葬らせなさい』」(マタ八・二二)という聖句の解釈において、クリソストムスは次のように述べている。「イエスがこのように言ったのは、両親に対する愛情を軽蔑することを命じるためではなく、以下のことを示すためであった。すなわち、われわれにとって天上的な交わりよりも必要なものは何もなく、われわれは全霊でこのことに関与すべきであり、たとえ非常に魅力的なものがわれわれを引きつけようとも、少しも遅れてはならないということである。しかるに、父を葬りに行くこと以上に必要なことが何かあるだろうか。また、このことは容易であり、多くの時間を使うこともない。また、主は多くの悪、たとえば悲嘆や涙、また埋葬に関して予想されるものからこの弟子を救い出している。というのも、埋葬の後には遺言を調べ、財産を分割したりしなければならず、このようにして、気遣いに次ぐ気遣いが彼に襲いかかり、真理の安息所から彼を遠く引き離してしまうからである。あなたはそれでもなお動揺するなら、次のことを考えてみなさい。病人は、たとえ死んだ者が父や母や子供であっても、それを知ることが許されず、葬りにも行かせてもらえないのである。しかし、彼らはこのことのゆえに残酷の罪で非難されることはなく、むしろそれは残酷の反対である。こういうわけで、人を霊的な交わりから引き離すことはきわめて大きな悪であり、とりわけ時間的な仕事を遂行できる別の人々がいる場合にそうである。実際、この弟子の場合も葬儀を執り行うことのできる者たちがいたのである。それゆえ、『死んでいる者たちに、自分たちの死者を葬らせなさい』と言われている」(*Catena aurea, In Matth.*, 8. 22)。ここで重要であるのは、人を霊的善から引き離すことはきわめて大きな悪であるということである。というのも、時間的なものは霊的善に比すれば無であり、知性認識や愛といった霊的活動を放棄することとは霊的死に他ならないからである。

(32) イエスの弟子がすべてを捨てたことについて、「二人はすぐに網を捨てて従った」(マタ四・二〇)という聖句の解釈において、グレゴリウスは次のように述べている。「ペトロとアンデレは、キリストが奇跡を行うのを見たわけでもなく、彼から永遠の報酬について聞いたわけでもないが、しかし主の一つの命令によって、彼らが所有していると思っていたものを忘却した。それゆえ、『二人はすぐに網を捨てて従った』と続けられている。このことにおいて、われわれは財産よりもむしろ情動を熟考しなければならない。というのも、自らに何ものをも残さない者は多くを捨てるのであり、所有物とともに欲望を断念する者は多くを放棄するからである。それゆえ、神に従う者によって放棄されるのは、神に従わない者によって欲求されうるだけのものである。われわれの外的な事物は、それがいかに小さくとも神には十分であり、神が評価するのは、神への犠牲にどれほど捧げられたかではなく、どのように捧げられたかである。なぜなら、神の国は価値の評価を受けつけず、あなたがそれを有しているだけ有効だからである」(*Catena aurea, In Matth.*, 4. 20)。われわれが神のために財産や欲望を放棄すると言われるとき、その価値は客観的な基準によって測られるものではなく、むしろどのように捧げられたかという主観的な情動が問われるのである。

またキリストに至る者が放棄しなければならないものについて、「この二人もすぐに、舟と父親とを残してイエスに従った」(マタ四・二二)という聖句の解釈において、クリソストムスは次のように述べている。「キリストへ至る者が放棄しなければならないものに三つのものがある。すなわち一つ目は肉的な行為であり、これは漁の網によって表示されている。二つ目はこの世の財産であり、これは舟によって表示されている。三つ目は両親であり、これは父によって表示されている。彼らは舟を放棄したが、それは教会という舟の指揮者とならんがためであり、網を放棄したのは、地上の町へ魚をもたらすのではなく天の国へ人間を導くためであり、一人の父を放棄したのは、すべての者にとって霊的な父とならんがためであった」(*Ibid.*, 4. 22)。

(33) 神を愛する者による時間的善の放棄と永遠的善の享受について、「悲しむ人々は、幸いである、その人たちは慰められる」(マタ五・四)の解釈において、アウグスティヌスは次のように述べている。「悲しみは最愛のものを失ったことについての嘆きである。しかるに神に向きなおる人々は、この世において有していた最愛なるものを失う。というのも、彼らは以前喜んでいたこれらのものについて喜ぶことがないからである。彼らのうちに永遠的なものに対する愛が生じるまで、彼らは少なからぬ悲しみによって傷つけられる。それゆえ、彼らはとりわけ次のことのゆえに慰める者と名付けられる聖霊によって慰められるであろう。すなわち時間的なものを失う人々は、永遠的な喜びを享受するのである」(*Catena aurea, In Matth.*, 5. 4)。ここから明らかなように、この世のうちにある時間的なものを愛することと永遠なる善である神を愛することは両立せず、人は過ぎ行く諸善を全体として放棄し、代わりに永遠的な善において喜ぶように修練していかなければならない。この世を放棄するということは、時間的な善ではなく永遠的な善によって喜ぶということである。

また同じ箇所の解釈において、『標準的註解』は次のように述べている。「あるいは、悲しみによって二つの種類の苦しみが理解される。すなわち、この世の不幸と天上的なものの欠如である。それゆえ、カレブの娘は上と下の溜池を求めた。このような悲しみを有するのは、ただ貧しい者と柔和な者のみであって、それは彼らが世を愛さず、世のみじめさを認識し、それゆえ、天を欲求するからである。それゆえ、悲しむ者たちに慰めが約束されているのは適切であり、現在の生において悲しむ者は、将来の生において喜ぶのである」(*Ibid.*)。ここから明らかなように、つまるところこの世には不幸しかなく、幸福は神にのみ存する。このような洞察を現在の生において獲得する者は、この世において存在しながら、この世の生の惨めさに打ちのめされ、ただ天上的なものにのみ思いを馳せる。しかし、存在の充実である神のみが支配する将来の生において、その悲しみは慰められ、その希望はかなえられる。

(34) 宣教はすべての者に適した仕方で行われなければならない。このことについて、ハイモは次のように述べている。「主が座していた山によって天が理解される。それについて、「天はわたしの王座」(イザ六六・一)と言われている。主が山に座っていたとき、ただ弟子たちのみが彼に近づくことができた。というのも、主がわれわれの弱い人間性を摂取する以前には、ただユダヤにおいて神としてのみ知られていたからである(詩七五・二)。しかし、主が山、すなわちその神性から下って人間性といううわれわれの弱さを摂取した後には、国中の大勢の群衆が彼に従った。このことによって博士たちに示されるのは、その宣教においてふさわしい語り方を用いるべきだということである。すなわち、彼らはちょうどすべての者が理解できると思われるような仕方で、神の言葉を告げ知らせるべきである。より完全な者に卓越した教えを示すとき、彼らは山に登ると言われる。対して、より弱き者により軽い掟を示すとき、彼らは山を下ると言われる」(*Catena aurea, In Matth.*, 8. 1)。

(35) Cf. *Ioannis Lectura*, n. 2176.

(36) 野心について、アンブロシウスは次のように述べている。「野心は固有の危険を有している。というのも、人は支配するために前もって他の者に仕え、名誉をもって支配するために従順によって膝を屈し、より高くに存在したいと思いながら、より低い存在となるからである」(*Catena aurea, In Matth.*, 4. 9)。

さらに、この野心は地上的な善の追求においてだけでなく、キリスト者が自らを悲惨な者として見せかけることにおいても見られるものである。アウグスティヌスはこのことに関して、「断食するときには、あなたがたは偽善者のように沈んだ顔つきをしてはならない」(マタ六・一六)という聖句の解釈において、次のように述べている。「この聖句において最も注意すべきは、物体的事物の輝きにおいてのみならず、悲惨な汚らわしさにおいてもまた自慢が生じうるということであり、神の奴隷という名において人を欺けば欺くほどより危険だということである。それゆえ、身体の過度の装飾ならびに衣服やその他の事物の光輝によって輝く者は、それらの事物そのものによって容易に打ち負かされて世の豪華さを追求する者となるが、見せかけの聖性によって人を欺くことはない。しかし、キリスト教に携わる者が奇怪な汚らわしさによって自らに注目を集めようとする場合、もしそれが必要に迫られてではなく意志によって為されたことであるならば、われわれは彼のその他の業から、このことが余計な装飾に対する軽蔑によるものであるのか、それとも何らかの野心によるものであるのかを知ることができる」(*Catena aurea, In Math.*, 6. 16)。

またこの世に仕えるあり方について、クリソストムスは次のように述べている。「そこでは人間たちは歩むのではなく運ばれるのであり、というのも悪魔が快楽によって彼らを悪へと強制し、人間たちは、ちょうどより強力な魚が若い魚を捕食するように、互いにむさぼり合っているからである」(*Ibid.*, 4. 19)。

(37) 地上において富を積むべきではないことについて、クリソストムスは次のように説明している。「われわれが富を積むのは、富の保存が不確かな地においてか、それとも確実に守られる天においてか、どちらが善いのだろうか。あなたがそこから出て行くところに富を積むことと、あなたがそこに行くであろうところにあらかじめ富を積まないことはどれほど愚かなことであろうか。それゆえ、あなたが祖国を有するところに富を積みなさい」(*Catena aurea, In Math.*, 6. 19-21)。地上における富は神の摂理にしたがって善人と悪人に配分されるものであり、それ自体としては価値を持たず、生きていくために利用されるべきものである。人間が富を積むべきは天においてであり、それは将来の生に向けて功績を積むことであって、かかる富はいかなる仕方によっても毀損されることはない。

(38) 名誉欲の危険性について、プロスペルは次のように述べている。「人間的な栄光への愛がどれほど人間を害する力を有しているかを知っているのは、それに戦いを挑む者のみである。というのも、たとえ誉れが否定されているかぎりでそれを欲しないことはすべての者にとって容易であるとしても、しかし誉れを与えられてそれを喜ばないことは難しいからである」(*Catena aurea, In Math.*, 6. 1)。ここから明らかなことは、人間は名誉を求めるべきではないということである。なぜなら、人は名誉を手に入れていないときにはその価値を容易に否定することができるが、名誉を手に入れてしまうとそれによって喜ばないことは困難だからである。しかし、名誉自体を喜ぶことは罪に他ならない。

さらに、クリソストムスは人間的な栄光を軽蔑することの善について次のように述べている。「人間的な栄光を軽蔑することの成果はわずかなものではない。なぜなら、このことによって人は人間に仕えることから解放され、本来的に徳を働く者となり、他の人々のためではなく徳そのもののために徳を愛するからである。ちょうど、われわれが自分のためではなく他の者のために愛されるとき侮辱を感じるように、われわれは他の者のために徳を求めてはならないし、人間のためにではなく神御自身のために神に従属しなければならない」(*Catena aurea, In Matth.*, 6. 17-18)。

(39) 神が悪魔の誘惑をわれわれに許すのは、クリソストムスによれば次の理由による。「それゆえ、もしあなたが洗礼の後に大きな誘惑に遭遇したとしても動揺してはならない。実際、あなたは倒れるためではなく、戦うために武器を受けとったのである。それゆえ、神はあなたから誘惑を遠ざけないが、それは第一にあなたがよりいっそう強くなることを学ぶためである。第二にあなたが賜物の大きさによって高慢にならないためである。第三に悪魔が経験によって、あなたが完全に彼から離れたことを知るためである。第四にあなたがあなたに約束された宝のしるしを受けとるためである。というのも悪魔があなたを誘惑しにやって来るのは、あなたが大きな栄誉に値することを見るからである」(*Catena aurea, In Matth.*, 4. 1)。上記の第三の理由は、悪魔が神に属する人間によって打ち負かされることを述べたものであり、第四の理由は、人間が誘惑の大きさによってその報いの大きさを知ることを述べたものである。ここよりして、人間は誘惑に打ち勝ちより大きな栄誉を受けとるために、自ら悪魔との戦いに出て行かなければならない。

さらにこのことに関して、「さて、イエスは悪魔から誘惑を受けるため、霊に導かれて荒れ野に行かれた」(マタ四・一)という聖句の解釈において、同じクリソストムスは次のように述べている。「霊によって荒れ野に導かれたのはキリストだけでなく、聖霊を有するすべての神の子たちもまたそうである。というのも、彼らは無為に座していることに満足せず、聖霊によって駆り立てられて、ある偉大な業に着手する、すなわち悪魔と対決するために荒れ野へと赴くからであり、そこには悪魔が喜ぶ不義がないのである。さらに善はすべて肉と世の外側にあり、それは善が肉と世の意志によるものではないからである。それゆえこのような荒れ野へ、すべての神の子たちは誘惑を受けるために出て行く。たとえばもしあなたが結婚するつもりがないならば、聖霊はあなたを荒れ野、すなわち肉と世の境界の外側へ導き、そこであなたは肉の欲求によって誘惑を受ける。というのも結婚している者が性欲によって誘惑を受けるのはいかにしてであろうか。われわれが知るべきことに、神の子らが悪魔によって誘惑を受けるのは、彼らが荒れ野へと出て行くかぎりにおいてである。そこでは、肉と世のうちにある悪魔の子らは、悪魔によって粉砕され、それに従う……それゆえ悪魔の子らは、誘惑を受けるために悪魔のもとへと出て行かない。〔悪魔に〕打ち勝つことを望まない者は、何のために戦いへと赴くだろうか。しかし悪魔に向かって肉の境界の外側に出て行く神の子らは、勝利の栄光を欲しているのであるから、より誉れ高き者たちである。それゆえこのようにして、キリストは『悪魔から誘惑を受けるため』、悪魔のもとへと出て行くのである」（*Ibid.*）。以上から明らかなことは、神に属する人間が、悪魔から誘惑を受けるために、自ら進んで肉と世の外側である荒れ野へ出て行くということであり、たとえば性欲によって誘惑を受けるためには、人は独身を保ち、悪魔が容易に攻撃できるよう備えなければならないということである。神の霊によって駆り立てられた人々のこの積極性の根拠は、いかにして肉と世から離れて悪魔に打ち勝ち、より高い霊性を実現するかというところにあり、そこには、いかにして肉を満足させ世に従属するかという、いわゆる肉の配慮（prudentia carnis）は見られないのである。

（40）　Cf. *Ioannis Lectura*, n. 2547.

（41）　このダビデの姦淫と彼の悔悛に関して、アンブロシウスは次のように述べている。「しかし聖なるダビデは次のことにおいてきわめて卓越している。すなわち彼は自らを人間として認識しており、奪い取ったウリヤの妻について犯された罪を悔悛の涙によって洗い流そうと欲した。このことによって彼は、われわれにいかなる者も自分の力を信じてはならないことを示したのである。というのもわれわれは大きな敵対者を有しており、われわれは神の助けによらなければ彼に打ち勝つことができないからである。またあなたはしばしば著名な人々において重大な罪を発見するだろうが、それは彼らが人間として誘惑に屈しうることをあなたが知るためであり、優れた徳によって彼らが人間以上のものと信じられることのないためである」（*Catena aurea, In Matth.*, 1. 6）。

（42）　この世の出来事や人間の善悪を軽率に裁いてはならないことについて、「人を裁くな。あなたがたも裁かれないようにするためである。あなたがたは自分の裁く裁きで裁かれ、自分の量る秤で量り与えられる」（マタ七・一―二）という聖句の解釈において、アウグスティヌスは次のように述べている。「この箇所で命じられているのは以下のこと以外の何ものでもないと私には思われる。すなわち、いかなる心で為されたか分からない行為については、われわれはそれをより善い仕方で解釈しなければならない。姦淫や瀆神やそれに類することのように、善き心によっては為されえない事柄については、それを裁くことがわれわれに許されている。しかし、善き心によっても悪しき心によっても為されうる中間的な事柄については、それを裁くこと、とりわけ断罪することは軽率である。われわれが軽率な裁きを警戒しなければならない二つの条件がある。一つは、いかなる心である行為が為されたか不確かな場合であり、一つは現在善くあるいは悪しく見えている人が、将来どのような人間になるか不確かな場合である。それゆえ、いかなる心によって為されたか分からない事柄については、われわれはそれを非難してはならない。同様に、いかなる心によって為されたか明らかな事柄でも、あたかも回復の希望がないかのようにそれを非難してはならない。

しかし、『あなたがたは自分の裁く裁きで裁かれる』と言われていることに関しては議論があるであろう。もしわれわれが軽率に裁いたとしたら、神もまたわれわれについて軽率に裁くのだろうか。もしわれわれが不正な秤で量ったならば、神のもとにもまたそれによってわれわれを量る不正な秤があるのだろうか。私は秤という名で裁きそのものが意味されていると考える。しかし、このように言われているのは、それによってあなたが他人を罰する軽率さが、必ずやあなたをも罰することになるからである。不正は不正を蒙る者に対してしばしば何の害も与えないが、不正を為す者に対しては必ずこれを害するのである」(*Catena aurea, In Matth.*, 7. 1-2)。

(43) このことに関連して、キリスト教の教えの要諦は山上の説教(マタ五・一―二九)に含まれていると思われるが、アウグスティヌスはそれを七つの至福に対応させて次のように解釈し、キリスト教の教えに従う理想的人間について語っている。「そして、ここで言われていることは、『わたしは主を信頼する。主の仰せは清い。土の炉で七たび練り清めた銀』(詩一一・六―七)と言われていることとの意味である。この七という数のために、私はこれらすべての掟を、この説教の冒頭に置かれている至福についての七つの文章に関係づけるように導かれた。人が理由なくして兄弟に対して怒ったり、馬鹿といったり、愚か者と呼んだりすることは、最大の傲慢であり、このことに対しては一つの救済策しかない。すなわち、自慢する霊によって膨れ上がっていない哀願する魂によって赦しを祈り求めることである。それゆえ、『心の貧しい人々は、幸いである、天の国はその人たちのものである』。御父の証言を明らかにすることへと、論争の過酷さによってではなく、敬虔の柔和さによって近づく者は誰でも、神の言葉に敬意を示すことによって敵対者と和解する。『柔和な人々は、幸いである、その人たちは地を受け継ぐ』。さらに、肉的な快楽が正しい意志に対して反抗するのを感じる者は誰でも、『わたしはなんと惨めな人間なのでしょう。死に定められたこの体から、だれがわたしを救ってくれるでしょうか』(ロマ七・二四)と叫ぶのである。また、人はそのように嘆くことによって、慰める者の援助を嘆願する。それゆえ、『悲しむ人々は、幸いである、その人たちは慰められる』。果たして次のことよりも骨の折れることが考えられるだろうか。すなわち、悪しき習慣を克服することにおいて天の国に入ることを妨げる自らの肢体を切り落とし、苦しみによって破壊されてしまうことなく、たとえ最も苦しいことであろうとも姦淫の罪を犯すことのないすべてのものを結婚の信頼において耐え、頻繁な誓いによってではなく正しい習慣によって証明された真理を語ることがそれである。しかし、あたかも激しい飢えや乾きのように、義に対する愛によって燃え立たしめられたもの以外の誰が、このような労苦を敢えて引き受けるだろうか。それゆえ、『義に飢え渇く人々は、幸いである、その人たちは満たされる』。また、弱き者から不正を蒙り、自らに求める者に与え、敵を愛し、自らを憎む者に親切にし、迫害する者のために祈ることに用意があるのは、完全に憐れみ深い者以外の誰であろうか。それゆえ、『憐れみ深い人々は、幸いである、その人たちは憐れみを受ける』。さらに、自らの善き業の目的を人に気に入られることやこの世の生に必要なものを手に入れることに置かず、人の魂を軽率に軽蔑せず、人にしてもらいたいと思うことは何でも人にする者は、心の純粋な目を持っている。それゆえ、『心の清い人々は、幸いである、その人たちは神を見る』。また、知恵の細い道は清い心によって見出されるべきであるが、その道に対して転倒した人間の欺きが襲いかかる。それらを避けることが知恵の平和に至ることである。それゆえ、『平和を実現する人々は、幸いである、その人たちは神の子と呼ばれる』」(*Catena aurea, In Matth.*, 7. 28-29)。

おわりに

「神が人間の善き業を隠されたままにしておくことはありえない。そうではなく、それは神の栄光であるので、神はそれをこの世において明らかにし、将来の生において讃える。それはちょうど、悪魔がそのうちに自らの悪意の力が示される悪を明らかにするのと同様である。しかし、本来的には神はすべての善を将来の生において公けにする。そこにおける善は善人と悪人に共通のものではなく、そこでは神はいかなる者に対しても親切にする。そして、そこで神が各人の義に対して報いることは明らかである。しかし、義の報いはこの世においては明らかとはならない。というのも、ここでは善人のみならず悪人もまた豊かだからである」(1)。クリソストムスはこのように述べて、信仰によって生きる人間の働く善が神によって明らかにされることを示している。神が人間の義に対して報いるのは、ある場合にはこの世においてであるが、本来的には将来の生においてである。この世においては善人がその善を讃えられず悪を蒙り、反対に悪人がその悪を罰せられることなく繁栄している場合がある。このような不条理に対し、キリスト教信仰は将来の生における永遠の生命という報いをもって応える。将来の生において、義人は神によって愛されその善を讃えられ、悪人はその悪のゆえに罰せられる。信仰による生に特徴的なことは、この将来の生に目的を置き、地上の生をそれに至る道程として把握するところにある。それゆえ、信仰者にとって地上の生は修練の場となり、そこで蒙る悪や艱難は最終的な勝利に比すれば取るに足らないものとして捉えなおされる。たとえこの世において時間的な善によって善行が報われないとしても、信仰者には善行を断念する理由はない。なぜなら、人間がその善行によって期待する報いは霊的善である神そのものだからである。

しかし、人が時間的善の不完全性を洞察し、霊的善において喜びを見出すには、徳を身につけ人格を陶冶することが必要である。地上的で肉的な生を理性によって根絶し、将来において享受される神的生命を目指して不断に修練を積む中で、人は以前求めていたものとは異なった善に引き寄せられ、それに到達しようと欲する。当人がいかなる人間であるかが進むべき目的を決定するのである。将来の生における永遠の生命は、所与として与えられる単なる報いなのではなく、徳を鍛錬する人間が到達したいと願う完全性である。このように、キリスト教における将来の生という考えは、徳を究め神を見ようとする人間の深いダイナミズムに結びつけて理解されなければ、容易に、単なる宗教的な言説として破棄されてしまう。しかし、以上から明らかなように、その考えの背後にあるのはきわめて哲学的な洞察であり、そこで示されているのは、人間存在の根源的意味に他ならない。義人の有する神への愛は、不完全性に由来するこの世の生の狭さを超え出て、将来の生における至福へと駆り立てられる。そこでは、この世の生におけるように義人が失望することはありえない。というのも、裁き主は全能なる神であり、その報いは人間本性の究極的完成そのものだからである。

註

（1） *Catena aurea, In Matth.*, 6. 4.

後　記

本論は平成二五年度、同志社大学文学部に提出した学位論文「トマス・アクィナスにおける聖書註解の研究」に、若干の彫琢を施したものである。審査の労を執られた中山善樹、宮庄哲夫、石川立の諸教授に感謝の意を表したい。とりわけ主査の任に当たられた中山先生は、本論の審査のために多大な時間を割かれたばかりではなく、同志社大学文学部において、一二年間の長きにわたって懇切丁寧にご指導して下さった。先生は、大学院のゼミにおけるエックハルトの原典講読において、エックハルトとトマスの思想的な親近性を強く指摘された。実際、私はこのようなエックハルトの思想からトマス研究に関する多くの示唆を得たのである。また、先生は本論を公刊すべく知泉書館に推薦して下さった。衷心より御礼申し上げる。出版にあたっては、知泉書館小山光夫氏、高野文子氏に一方ならぬお世話になった。両氏にも、厚く御礼申し上げたい。

保井 亮人（やすい・あきひと）

1982年香川県に生まれる。2005年同志社大学文学部文化学科哲学及び倫理学専攻卒業。2007年同大学院修士課程修了。2013年同大学院博士課程修了。博士（哲学）。現在，同志社大学文学部嘱託講師。
〔論文〕トマス・アクィナス『ヨハネ福音書講解』における恩恵論（『同志社哲学年報』33号, 80–90ページ, 2010年），トマス・アクィナス『ヨハネ福音書講解』における神の世界内在について（『中世思想研究』52号, 49–61ページ, 2010年），トマス・アクィナス『ロマ書註解』における神の予定について（『同志社哲学年報』35号，58–74ページ，2012年），トマス・アクィナス『カテナ・アウレア』の序言から「マタイ福音書」1章1節に関する註解までの翻訳（『哲学論究』26号，83–106ページ，2012年），トマス・アクィナス『カテナ・アウレア』「マタイ福音書」1章2–11節に関する註解（『哲学論究』27号, 34–52ページ，2013年），その他。

〔トマス・アクィナスの信仰論〕 ISBN978-4-86285-191-8

2014年7月10日　第1刷印刷
2014年7月15日　第1刷発行

著　者　保　井　亮　人
発行者　小　山　光　夫
製　版　ジ　ャ　ッ　ト

発行所　〒113-0033 東京都文京区本郷1-13-2
電話03（3814）6161 振替00120-6-117170
http://www.chisen.co.jp
株式会社 知泉書館

Printed in Japan　　印刷・製本／藤原印刷

人名索引

事項索引

あ　行

か　行

さ　行

た　行

な　行

は　行

ま　行

や　行

ら　行

わ　行

文 献 表

テキスト

Thomas Aquinas: *Super Evangelium S. Ioannis Lectura*, Marietti, 1952.

————: *Expositio super Epistolam ad Romanos*, Marietti, 1953.

————: *Expositio super Iob ad litteram*, Leonine, vol. 26, 1965.

————: *Catena aurea in quatuor Evangelia*, Marietti, 1953.

————: *Summa Theologiae*, Marietti, 1952ff.

Die Deutsche Thomas–Ausgabe, Salzburg 1933ff.

Biblia Sacra Iuxta Vulgatam Versionem, Stuttgart 1994.

『聖書』新共同訳，日本聖書協会，2009 年

翻　訳

Weingartner, Paul (Hg.): *Thomas von Aquins Kommentar zum Johannesevangelium,* Teil 1, Göttingen 2011.

Weisheipl, J. A., Larcher, F. R.: *Commentary on the Gospel of St. John,* Catholic University of America Press, 2010.

Fahsel, Helmut (Hg.): *Des heiligen Thomas von Aquin Kommentar zum Römerbrief,* Freiburg 1927.

Larcher, F. R.: *Commentary on the Letter of Saint Paul to the Romans*, the Aquinas Institute, 2012.

Damico, Anthony: *The literal exposition on Job: a scriptural commentary concerning providence*, Scholars Press, 1989.

Oischinger, J. N.: *Des heiligen Thomas von Aquin, des englischen Lehrers, goldene Kette oder fortlaufende, ganz aus den Stellen der Kirchenväter und Kirchen-Schriftsteller bestehende und kunstvoll verbundene Auslegung der vier Evangelien,* Regensburg 1846.

Newman, J. H.: *Catena aurea, Commentary on the four Gospels*, Baromius Press, 2009.

二次文献

Aertsen, J. A.: *Medieval philosophy and the transcendentals: the case of Thomas Aquinas,* Leiden 1996.

Brennan, R. E.: *Thomistische Psychologie: eine philosophische Analyse der menschlichen Natur,* Graz 1957.

Chenu, M. D.: *Das Werk des hl. Thomas von Aquin*, Graz 1960.

Copleston, F. C.: *Aquinas*, Penguin Books, 1955.

Darge Rolf: *Habitus per actus cognoscuntur: die Erkenntnis des Habitus und die Funktion des moralischen Habitus im Aufbau der Handlung nach Thomas von Aquin,* Bonn 1996.

Dauphinais, Michael and Levering, Matthew (ed.): *Reading John with St. Thomas Aquinas: theological exegesis and speculative theology*, Catholic University of America Press, 2005.
——— (ed.): *Reading Romans with St. Thomas Aquinas,* Catholic University of America Press, 2012.
Davies, Brian (ed.): *The Oxford handbook of Aquinas*, Oxford University Press, 2012.
Deferrari, R. J.: *A lexicon of St. Thomas Aquinas* (reprint), Kyoto, 1985.
Deutsche Thomas-Gesellschaft (Hg.): *Doctor Angelicus: annuarium Thomisticum international,* Bonn 2005.
Domanyi, Thomas: *Der Römerbriefkommentar des Thomas von Aquin: ein Beitrag zur Untersuchung seiner Auslegungsmethoden*, Bern 1979.
Grabmann, Martin: *Das Seelenleben des heiligen Thomas von Aquin: nach seinen Werken und den heiligsprechungsakten Dargestellt,* München 1924.
———: *Der Gegenwartswert der geschichtlichen Erforschung der mittelalterlichen Philosophie: akademische Antrittsvorlesung,* Wien 1913.
———: *Der göttliche grund menschlicher Wahrheitserkenntnis nach Augustinus und Thomas von Aquin: Forschungen über die Augustinische Illuminationstheorie und ihre Beurteilung durch den Hl. Thomas von Aquin,* Münster 1924.
———: *Die Geschichte der scholastischen Methode, nach den gedruckten und ungedruckten Quellen*, Bd. 1, 2, Freiburg 1909-11.
———: *Die theol. Erkenntnis- und Einleitungslehre des hl. Thomas von Aquin*, Freiburg 1948.
———: *Die Werke des hl. Thomas von Aquin: eine literarhistorische Untersuchung und Einführung*, Münster 1931.
———: *Gesammelte Akademieabhandlungen,* Paderborn 1979.
———: *Mittelalterliches Geistesleben: Abhandlungen zur Geschichte der Scholastik und Mystik*, Bd. 1, 2, 3, München 1926-56.
———: *Thomas von Aquin: Persönlichkeit und Gedankenwelt*, München 1935.
Kluxen, Wolfgang: *Philosophische Ethik bei Thomas von Aquin*, Hamburg, 1980.
Kremer, Klaus: *Die neuplatonische Seinsphilosophie und ihre Wirkung auf Thomas von Aquin*, Leiden 1971.
Lombardo, N. E.: *The logic of desire: Aquinas on emotion,* Catholic University of America Press, 2011.
Moling, Markus: *Zeit und Ewigkeit nach Thomas von Aquin*, Saarbrücken 2009.
Niederbacher, Bruno: *Glaube als Tugend bei Thomas von Aquin*, Stuttgart 2004.
Nieuwenhove, R. V. and Wawrykow Joseph (ed.): *The theology of Thomas Aquinas,* University of Notre Dame Press, 2005.
Pesch, O. H.: *Thomas von Aquin. Grenze und Groesse Mittelalterlicher Theologie,* Mainz 1988.
Pieper, Josef: *Darstellungen und Interpretationen: Thomas von Aquin und die Scholastik*,

Hamburg 2001.
———: *Religionsphilosophische Schriften*, Hamburg 2000.
———: *Schriften zum Philosophiebegriff*, Hamburg 1995.
———: *Schriften zur philosophischen Anthropologie und Ethik: das Menschenbild der Tugendlehre*, Hamburg 1995.
———: *Schriften zur philosophischen Anthropologie und Ethik: Grundstrukturen menschlicher Existenz*, Hamburg 1997.
Rziha John: *Perfecting human actions: St. Thomas Aquinas on human participation in eternal law,* Catholic University of America Press, 2009.
Rose, Miliam: *Fides caritate formata*, Göttingen 2007.
Schroeer, Christian: *Praktische Vernunft bei Thomas von Aquin*, Stuttgart 1995.
Schütz, Ludwig: *Thomas-Lexikon*, Stuttgart 1983.
Schumacher, Lydia: *Divine illumination: the history and future of Augustine's theory of knowledge,* Wiley-Blackwell, 2011.
Sherwin, M. S.: *By knowledge & by love: charity and knowledge in the moral theology of St. Thomas Aquinas,* Catholic University of America Press, 2011.
Speer, Andreas (Hg.): *Thomas von Aquin: Die Summa Theologiae*, Berlin 2005.
Torrell, J. P.: *Christ and spirituality in St. Thomas Aquinas,* Catholic University of America Press, 2011.
———: *Saint Thomas Aquinas*: *The person and his work*, Catholic University of America Press, 1996.
———: *Saint Thomas Aquinas: Spiritual Master*, Catholic University of America Press, 2003.
Valkenberg Wilhelmus: *Words of the living God: place and function of holy scripture in the theology of St. Thomas Aquinas,* Leuven 2000.
Weinandy, Thomas G. (ed.): *Aquinas on Scripture: an introduction to his biblical commentaries,* T&T Clark International, 2005.
Weisheipl, J. A.: *Friar Thomas D'Aquino*, Catholic University of America Press, 1983.
Zimmermann, Albert (Hg.): *Thomas von Aquin - Werk und Wirkung im Licht neuerer Forschungen -, Miscellanea Mediaevalia,* Bd. 19, Berlin 1988.
———: *Thomas Lesen*, Stuttgart 2000.

稲垣良典『トマス・アクィナス哲学の研究』創文社，1970 年
———『習慣の哲学』創文社，1981 年
———『トマス・アクィナス倫理学の研究』九州大学出版会，1997 年
———『神学的言語の研究』創文社，2000 年
———『問題としての神』創文社，2002 年
———『トマス・アクィナス』勁草書房，1996 年

――――『トマス・アクィナス』講談社学術文庫，1999 年
――――『トマス・アクィナス『神学大全』』講談社選書メチエ，2009 年
――――『トマス・アクィナス』清水書院，1992 年
岩下壮一『信仰の遺産』岩波書店，1941 年
――――『中世哲学思想史研究』岩波書店，1942 年
――――『カトリックの信仰』講談社学術文庫，1994 年
M. グラープマン『聖トマス・アクィナス：その人と思想』高桑純夫訳，長崎出版，1977 年
――――『カトリック神学史』下宮守之，藤代幸一訳，創造社，1971 年
桑原直己『トマス・アクィナスにおける「愛」と「正義」』知泉書館，2005 年
上智大学中世思想研究所編『トマス・アクィナスの倫理思想』創文社，1999 年
E. ジルソン『中世哲学の精神』服部英次郎訳，筑摩書房，1974-75 年
中山善樹『エックハルト研究序説』創文社，1993 年
――――『エックハルトラテン語説教集：研究と翻訳』創文社，1999 年
――――『エックハルトラテン語著作集Ⅰ-Ⅴ』知泉書館，2004-12 年
長倉久子『神秘と学知』創文社，1996 年
――――『トマス・アクィナスのエッセ研究』知泉書館，2009 年
J. ピーパー『四枢要徳について』松尾雄二訳，知泉書館，2007 年
松本正夫，門脇佳吉，K. リーゼンフーバー編『トマス・アクィナス研究』創文社，1975 年
水田英実『トマス・アクィナスの知性論』創文社，1998 年
山田晶『在りて在る者』創文社，1979 年
――――『トマス・アクィナスのエッセ研究』創文社，1978 年
――――『トマス・アクィナスのレス研究』創文社，1986 年
――――『トマス・アクィナスのキリスト論』創文社，1999 年
――――『トマス・アクィナス』中央公論社，1975 年
K. リーゼンフーバー『中世における自由と超越：人間論と形而上学の接点を求めて』酒井一郎他訳，創文社，1988 年
――――『中世哲学の源流』村井則夫他訳，創文社，1995 年
――――『中世における理性と霊性』村井則夫訳，知泉書館，2008 年
――――『超越に貫かれた人間：宗教哲学の基礎づけ』創文社，2004 年
――――編『中世における知と超越：思索の原点をたずねて』創文社，1992 年